Malessa
Und hinterher Helden!

Andreas Malessa

UND HINTERHER HELDEN!

Von Männern, die ihrer Zeit voraus waren

Patmos Verlag

Viele, die ihrer Zeit vorausgeeilt waren,
mussten auf sie in sehr unbequemen Unterkünften warten.

Stanisław Jerzy Lec (1909–1966)

Inhalt

In diesem Buch finden Sie keine Gendersternchen, Doppelpunkte in der Wortmitte, Unterstriche, Binnen-Versalien oder Endungs-X. Das ist keine Ablehnung der dringend notwendigen Bemühungen, Chancengleichheit für alle herzustellen, im Gegenteil: Diesem Ziel fühle ich mich verpflichtet, auch als Autor.

Allerdings glaube ich nicht, dass Verkomplizierung der Sprache und erschwerte Lesbarkeit die Ungerechtigkeiten beseitigen. Nur aktives Handeln schafft Veränderungen. Deshalb nutze ich an vielen Stellen die weibliche und die männliche Form, an manchen die geschlechtsneutrale Verlaufsform, an anderen nur die weibliche oder nur die männliche Schreibweise.

Meinem Inspirator und geschätzten Redakteur Rüdiger Jope: Danke!

Andreas Malessa

Vorwort

Bewundernswerte *Frauen* begegnen uns in Zeitschriften, auf dem Buchmarkt und im Feuilleton seit Jahren zuhauf. Gut so. Wurde ja auch Zeit. Erst recht, wenn sie historisch unentdeckt geblieben waren.

Aber gab und gibt es nicht auch unentdeckte *männliche* »Helden«? Und unentdeckte Seiten an den Prominenten, die man zu kennen glaubt? Ja, gibt es.

Erst recht, wenn diese Männer zu Lebzeiten alles andere als erfolgreich, beliebt oder bereits berühmt waren. Ihr »Ruhm posthum« verdeckt nämlich, mit welchen Widerständen und Widrigkeiten sie zu kämpfen hatten – bevor die Geschichte, also wir heute, ihnen Recht gaben.

Dies kurz und kurzweilig zu erzählen, hat mich gereizt: eine Art literarisches Anabolikum für die Mutmuskeln des modernen Mannes. Dessen soziokulturelle Identität ist momentan eine Dauerbaustelle, scheint mir, Umleitungshinweise Richtung Frust nicht ausgeschlossen.

Aber – und daran glaube ich – Gott schrieb schon immer auf krummen Linien gerade. Wie man an jenen Männern sehen kann, die wir hier getrost bestaunen dürfen.

Viel Lesevergnügen wünscht

Andreas Malessa

Der fünfmal vom Himmel fiel

Antoine de Saint-Exupéry, der »Kleine Prinz«

»Man sieht nur mit dem Herzen gut.« »Lieben heißt nicht zuerst, einander anzusehen, sondern in die gleiche Richtung zu schauen.« »Du bist lebenslang verantwortlich für das, was du dir vertraut gemacht hast« – diese Sätze von romantischen Grußkarten und Kalenderblättern werden in manchen Kirchen häufiger zitiert als Psalm 23. Geschrieben hat sie der französische Pilot Antoine de Saint-Exupéry, Autor des Weltbestsellers »Der Kleine Prinz«.

Am 31. Juli 1944 ist er nördlich von Korsika zum fünften und letzten Mal abgestürzt.

Antoine de Saint-Exupéry mit seiner Frachtflugstrecke auf einer Briefmarke aus Französisch-Westafrika von 1947.

Abstürze, Abbrüche, Fortschritte

Antoine, geboren 1900, wächst vaterlos in zwei Schlössern seiner adligen Mutter auf, wird von einer Gouvernante überbehütet, an einem Jesuitenkolleg allgemeingebildet und darf mit Zwölf an einem Rundflug in einem hölzernen Doppeldecker teilnehmen. »Die schlummernde Seele wiegte des Motors Gesang, erblassend strich die Sonne an uns entlang«, reimt er daraufhin. Er bewirbt sich bei der Militärakademie, fällt aber durch die Aufnahmeprüfung wegen »mangelnder Sprachbegabung und Literaturkenntnisse«!

Er nimmt private Flugstunden, startet heimlich das Schulflugzeug – und stürzt ab. 1921 kommt die Einberufung zum Fliegergeschwader in Straßburg, aber der Dichter aus dem Doppeldecker wird nur dem Ersatzteillager zugeteilt. Endlich zum Leutnant der Luftwaffe aufgestiegen, überlebt er eine zweite Bruchlandung und heißt bei seinen Kollegen jetzt nicht mehr »Tonio«, sondern nur noch »Saint-Ex«. Mit 24 geht auch seine Verlobung in die Brüche. Entnervt holt ihn Familie Exupéry in die Buchhaltung einer Ziegelei. Später wird er Lastwagenverkäufer.

Fliehen durch Fliegen

»Was für ein dunkles Versprechen hat man mir gegeben, das ein dunkler Gott nicht einlöst?«, schreibt er in sein erstes Buchmanuskript.

Seine glückliche Kindheit sei der Planet, von dem er herunterfiel, empfindet Antoine, das bürgerlich vorgezeichnete Leben eine enge Insel, die möglichen Berufswege ein Labyrinth. Und wie der Ikarus aus der griechischen Mythologie träumt Antoine vom Fliehen durch Fliegen.

Es ist der Rektor des Jesuitenkollegs, der ihn Didier Daurat empfiehlt, dem Flugpionier und Chef der späteren Air France. Antoine wird Frachtflieger auf der Strecke von Toulouse über Casablanca nach Dakar. 1927 wird er Postenchef in Kap Juby, mitten im Kriegsgebiet aufständischer Sahara-Völker. 18 einsame Monate in einer Bretterbude in der Wüste. Aber: Exupéry kann 14 notgelandete Piloten bergen. Erfolgreich verhandelt er mit den Mauretaniern und kann gefangene Franzosen freikaufen. Hier entsteht sein Loblied auf Gottes Schöpfung und die Menschlichkeit: »Terre des Hommes« nennt er das Buch, »Erde der Menschen« – inzwischen der Name eines humanitären

Hilfswerks. Der deutsche Titel des Buches: »Wind, Sand und Sterne«.

Mondgucker, Träumer

1929 wird Saint-Exupéry Direktor der Fluggesellschaft *Aeroposta Argentina* und richtet die Nachtflug-Strecke von Rio de Janeiro über Buenos Aires nach Punta Arenas an der Südspitze Chiles ein. Im Juni 1930 kurvt er acht Tage lang in wütenden Winterstürmen über den Anden, bis er – wider Erwarten – seinen verunglückten Kollegen Henri Guillaumet lebend findet und bergen kann. Der verwegene Draufgänger, der »verrückte Mondgucker«, wie ihn seine Freunde nennen.

1935 stürzen Saint-Exupéry und Bordtechniker Prevot in der ägyptischen Sahara ab, bleiben fünf Tage und Nächte verschollen. Halb wahnsinnig vor Durst beobachten sie einen Wüstenfuchs, der sie zu feuchtigkeitshaltigen Beerensträuchern führt. Das Gespräch zwischen Fuchs und Kleinem Prinzen beginnt … Exupéry deliriert und träumt von Tante Sophie im Schloss daheim: »Tantchens Glaube war so unerschütterlich wie der einer frommen Seele. Solch eine Beheimatung speichert einen Vorrat an Beglückung auf! Weil sie tief im Herzen die dunkle Masse sammelt, aus der die Träume entspringen.«

»Saint-Ex« macht seinem Namen ein viertes Mal Ehre, als er im Februar 1938 in Guatemala abstürzt, aber schwerverletzt rechtzeitig gefunden wird.

Seine 1931 geschlossene Ehe mit der salvadorianischen Journalistin Consuelo Sandoval ist kompliziert, was sein Lebensthema nur zu bestärken scheint: Angewiesenheit, verlässliche Freunde. Miteinander schweigen können, zusammenrücken und füreinander einstehen.

Schweigend beten

> *»Die Größe des Gebets beruht darauf, dass ihm nicht geantwortet wird und dieser Austausch nichts mit einem schäbigen Handel zu tun hat. Ich ahnte, dass man Gebet im Schweigen erlernt und erst dort die Liebe beginnt, wo kein Geschenk mehr erwartet werden muss. Die Liebe aber ist Übung des Gebets.«*

Antoine de Saint-Exupéry stand zeitlebens »zögernd an der Schwelle zur Kirche, mit vielen anderen, die den Wunsch haben, der Wahrheit zu dienen und dennoch vom Märchen verzaubert zu bleiben«. War er also ein »Mystiker ohne richtigen Glauben«, wie manche vermuteten? Oder ein »spiritueller Humanist«?

1940 besetzen die Deutschen Frankreich. Exupéry hat Consuelo verlassen, lebt bei New York, schreibt 1943 den »Kleinen Prinzen« und widmet das Buch seinem jüdischen Freund Léon Werth. Der trauert nämlich um eine zurückgelassene »Rose«. Antoine wird Major der US-Luftwaffe in Bastia auf Korsika. Obwohl er mit 43 viel zu alt für die neuen Lockheed-P38-Bomber ist. Seine Heimat Frankreich: ein Schlachtfeld; seine Kameraden: unbedarfte junge Amis; seine romantisch verträumten Texte irgendwie unzeitgemäß – »Tonio« ist mental in schlechter Verfassung, als er am 31. Juli 1944 um Viertel vor neun morgens Richtung Côte d'Azur aufsteigt. Der Treibstoff reicht bis maximal 14.30 Uhr. Eine Stunde später tippt Sergeant Vernon Robinson ins Protokoll: »Aircraft 223, out 8.45 a. m., did not return. Presumed lost.«

1998 findet ein Fischer vor der Insel Riou südlich von Marseille ein Silberarmband in seinem Netz. »Antoine de Saint-Exupéry« und »Consuela Suncin Sandoval« sind darin eingraviert.

Exupérys literarisch wunderbare Bücher »Südkurier«, »Nachtflug«, »Wind, Sand und Sterne«, »Flug nach Arras« oder »Stadt in der Wüste« blieben weitgehend unbekannt im Vergleich zu den 140 Millionen Exemplaren des »Kleinen Prinzen«, der in fast

150 Sprachen übersetzt wurde. Nicht zuletzt, weil die Zeichnungen in der Originalausgabe von 1946 von ihm selbst stammen.

Spekulationen zahlreicher Biografen, der 44-jährige »Saint-Ex« habe Suizid begangen, weil er zu Depressionen neigte, beendete erst im März 2008 (!) der damals 85-jährige ehemalige Wehrmachtspilot und spätere ZDF-Sportreporter Horst Rippert. Er war es, der den »Kleinen Prinzen« im Luftkampf nordwestlich von Korsika abgeschossen hatte. Hoheitskennzeichen und Kenn-Nummer am Seitenleitwerk, die übereinstimmende Verlustmeldung der Alliierten – 64 Jahre lang hatte Horst Rippert geschwiegen. Unter anderem, um die Karriere seines Bruders nicht zu beschädigen: Ivan Rebroff, der sich »russisch« inszenierende Schlagersänger (»Kalinka«) und »Milchmann Tevje« aus dem Musical »Anatevka«, starb im Februar 2008. Erst danach redete Horst Rippert.

Augenzeuge des Völkermords

Bartolomé de Las Casas, Apostel der Indios

Bartolomé de Las Casas. Porträt eines unbekannten Malers.

»Die Christen fingen damit an, dass sie den Indianern ihre Weiber und Kinder entrissen, sich ihrer bedienten und sie misshandelten. Sodann fraßen sie alle ihre Lebensmittel auf, die sie mit viel Arbeit und Mühe sich angeschafft hatten. … Sie wetteten miteinander, wer unter ihnen einen Menschen auf einen Schwertstreich mitten voneinander hauen, ihm mit einer Pike den Kopf spalten oder das Eingeweide aus dem Leibe reißen könne. Neugeborene Geschöpfchen rissen sie bei den Füßen von den Brüsten ihrer Mütter und schleuderten sie mit den Köpfen wider die Felsen. … Sie machten auch breite Galgen, so, dass die Füße beinahe die Erde berührten, hängten zu Ehren und zur Verherrlichung des Erlösers und der zwölf Apostel je dreizehn … Indianer an jeden derselben, legten dann Holz und Feuer darunter, und verbrannten sie alle lebendig. … Alle diese bisher beschriebenen Gräuel, und noch unzählige andere, habe ich mit meinen eigenen Augen gesehen.« (Bartolomé de Las Casas, »Kurzgefasster Bericht von der Verwüstung der westindischen Länder«)

Mit 18 fand er es normal

In Mutters Bäckerei in Sevilla herrscht helle Aufregung, als Papa Pedro und Onkel Francisco im Juni 1496 von Christoph Kolumbus' zweiter Seereise zurückkehren. Sie waren dabei! Sie haben die Fahrt ins Ungewisse überlebt.

Auf »Hispaniola«, im heutigen Haiti, hat Kolumbus 550 versklavte Einheimische an Bord geladen; die Hälfte stirbt bei der Überfahrt. Jetzt schenkt der berühmte Kapitän der Familie Las Casas einen 14-jährigen »Indianer«. Der Junge ist gleich alt wie Bartolomé. Die beiden freunden sich an.

1502 reist Bartolomé selbst nach Haiti, weil jungen Siedlern dort Landbesitz und Goldfunde versprochen werden. Entsetzt sieht er mit an, wie lokalen Scouts, die ohne Gold aus den Bergen zurückkehren, die Hände abgehackt werden. Statt Bergbau und Landwirtschaft betreibt Bartolomé lieber Theologie und wird 1507 zum Priester geweiht. Als Feldkaplan spanischer Truppen nimmt er an der Eroberung Kubas teil und hört 1511, wie ein Missionar dem zum Tode verurteilten Indio-Häuptling Hatuey anbietet, noch auf dem Scheiterhaufen getauft zu werden, um sicher in den Himmel zu kommen. »Sind dort Christen wie du?«, fragt der Todgeweihte. »Ja.« »Dann will ich lieber in die Hölle.«

Umdenken mit 30

Als Bartolomé de Las Casas eines der schlimmsten Massaker am Volk der Taíno miterlebt, hört er am ersten Adventsonntag 1511 den Dominikanermönch Antonio de Montesinos predigen. »Mit welchem Recht haltet ihr die Indios in einer so grausamen Knechtschaft? Mit welcher Befugnis habt ihr dieses Volk in ungezählter Menge gemartert und gemordet?« Der Militärgeistliche der spanischen Eroberer ist tief getroffen.

Bei der Vorbereitung einer eigenen Predigt zu Pfingsten 1514 liest Bartolomé einen Vers aus dem Buch Jesus Sirach 34,25–27:

> *»Kärgliches Brot ist das Leben der Armen, und wer es ihnen raubt, ist ein Blutsauger. Den Nächsten mordet, wer ihm den Lebensunterhalt entzieht, und Blut vergießt, wer ihm den Lohn raubt.«*

Ab jetzt ist ihm klar: Er wird als Priester niemandem die Beichte abnehmen und die Sündenvergebung zusprechen, der Sklaven hält. Die Konquistadoren und Plantagenbesitzer sind empört. Las Casas »schenkt« seine eigenen Sklaven dem Gouverneur von Kuba, reist 1515 nach Spanien zurück und erwirkt in einem Gespräch mit König Ferdinand ein neues Gesetz, das ausreichende Ernährung und medizinische Versorgung für die Indios vorschreibt.

Ferdinands Thronfolger Kaiser Karl V. ernennt ihn 1516 zum »Prokurator aller Indios in Westindien« und weist ihm 1520 »das Festland südlich der Inseln« – was mangels geografischer Kenntnisse so gut wie ganz Südamerika wäre – als Siedlungs- und Missionsgebiet zu. Aber als Las Casas 1521 an der Küste von »Klein Venedig« (Venezuela) ankommt, haben aufständische Indios nicht nur viele Siedler und Sklavenfänger, sondern auch alle Mönche ermordet. Sein Plan einer friedlichen Missionierung und Koexistenz der Völker ist gescheitert.

Chronist und Aktivist mit 50

Die einzige Kopie des Bordbuchs von Christoph Kolumbus' Seereise 1492 besitzt – Bartolomé de Las Casas! Er beginnt, die verharmlosenden Berichte des gefeierten »Entdeckers« zu kommentieren und eine »Geschichte der indigenen Völker Neuspaniens« zu schreiben: 1521 zerstört Hernán Cortés das Aztekenreich, 1532 unterwirft Francisco Pizarro die Inka in Peru. Bartolomé kennt beide Völkermörder persönlich, reist nach Tenochtitlan und Machu Picchu und plädiert in seiner Schrift »Kurzgefasster Bericht von der Verwüstung der westindischen Länder« für vieles, was wir heute Menschenrechte nennen.

Endlich: 1542 erlässt Kaiser Karl V. das gesetzliche Verbot, Einheimische zu versklaven, und ernennt 1543 Las Casas zum Bischof von Chiapas in Mexiko. Damit ist er zwar hochgeehrt, aber auch politisch kaltgestellt.

1546 kehrt Bartolomé nach Spanien zurück, erwirkt ein gesetzliches Ende aller Eroberungsfeldzüge in Südamerika und stirbt am 18. Juli 1566 in Atocha bei Madrid. Als Chronist des Völkermords und erster Historiker und Theologe, der Sklaverei als Sünde und Verbrechen brandmarkte, wurde der »Apostel der Indios« noch bis in die 60er-Jahre des 20. Jahrhunderts von spanischen Rechten als »größenwahnsinniger Paranoiker und Beleidigung Spaniens« bezeichnet.

Zum Trocknen an die frische Luft

Thomas Cook, Reiseveranstalter

Hunderttausende Touristen in aller Welt flogen Ende September 2019 – nein, nicht nach Hause, sondern aus ihren Hotels. Die »Thomas Cook Group« war pleite, die deutschen Tochterunternehmen waren blamiert, die Kunden geprellt. Sollte in Zukunft noch jemand seine vorausbezahlte Fernreise im heimischen Balkonien verbringen müssen, könnte er ein Glas Wasser auf den Gründer des Ganzen erheben.

Thomas Cook um 1880. Porträt in der Sammlung der walisischen Nationalbibliothek.

Der arme Junge

Thomas Cook, geboren 1808 in Melbourne. Nicht die Metropole in Australien, sondern ein Kaff in Derbyshire in den englischen East Midlands. Er erlebt den Tod seines Vaters, als er drei Jahre jung ist. Nur ein halbes Jahr später zieht Mamas neuer Mann ein. Bittere Armut zwingt den Jungen, mit Zehn die Schule abzubrechen und zunächst bei einem Gärtner, dann bei einem Tischler zu arbeiten. Beide Chefs sind Alkoholiker und unberechenbare Prügelmeister. Thomas' einziger Trost: Die »Sonntagsschule« der Methodisten am Sonntagvormittag und der Gottesdienst der Baptisten am Nachmittag. Thomas liest und erzählt den Kindern biblische Geschichten, mit 20 predigt er zum ersten Mal – und entwickelt eine tiefe Sehnsucht nach »biblischen«, also orientalischen Landschaften, nach Wüsten, Bergen, warmen Meeresstränden. Mit 25 heiratet er Marianne Mason. Ihre Hochzeitsreise ist nicht näher dokumentiert.

Ein Missionar wird Reiseleiter

Thomas schreibt Missions-Traktate, verteilt sie auf der Straße, legt ein Gelübde ab, niemals Alkohol zu trinken, und predigt vor immer größer werdenden Zuhörerscharen gegen die Trunksucht. Er wird ein prominenter »Abstinenzler«.

Winzige, feuchte, überteuerte Wohnungen, miese Hygiene, ständige Seuchengefahr, Kinderarbeit in den Textilfabriken, Prostitution, Kriminalität – in England grassiert genau jene »Verelendung der Arbeiterklasse«, die Karl Marx später anprangern wird. »Der kürzeste Weg aus Manchester raus führt über den Alkohol«, spotten die Leute.

Thomas Cook sagt Nein – und macht am 5. Juli 1841 mit 570 Abstinenzlern einen Tagesausflug von Leicester ins zehn Meilen entfernte Loughborough. Bahnfahrt dritter Klasse ohne Sitzplatz in einem offenen Waggon, aber mit einem Schinkenbrot und einer Tasse Tee, alles inklusive für einen Schilling pro Person. Damit ist er zwar nicht der »Erfinder« der Pauschalreise – schon vorher gab es organisierte Tagesausflüge, meist zu öffentlichen Hinrichtungen –, aber Cook ist der Erste, der armen Leuten billige Reisen anbietet.

Das All-inclusive-Prinzip

1845 organisiert er einen Sonderzug nach Liverpool für 1200 Personen, 1851 eine Tour zur Weltausstellung nach London, am 17. Mai 1861 die erste Auslandsfahrt nach Paris. Damit ungebildete Suchtkranke dort nichts falsch machen können, bucht und kassiert Thomas Cook die Schiffspassage, die Bahnfahrt, die Unterkunft und alle Verpflegung vorher – und verteilt an die Reisenden Gutscheine. Das »All-inclusive«-Prinzip und der Hotel-Voucher sind auf der Welt. Später, mit Cooks »Reisekreditbrief«, sogar der Vorläufer des Reiseschecks. Immer geht der Nichtkaufmann und Autodidakt dabei ein hohes finanzielles Risiko ein, nie geht es ihm ums Geldverdienen – eigentlich will Thomas die Reisenden zum Glauben an Jesus bekehren, mindestens aber zum absoluten Alkoholverzicht.

Endlich: Palästina und Ägypten

1869 erfüllt sich sein Jugendtraum: mit 60 Leuten durch das heutige Israel, damals unter osmanischer Herrschaft. »Man benötigt 77 Helfer, 65 Sattelpferde, 87 Packpferde, 28 Esel und eine große Zahl an Maultieren«, schreibt Cook, »dazu 21 Schlaf-, drei Küchen- und zwei Speisezelte«.

Ausgerechnet hier aber, im »Heiligen Land«, merkt er, dass seine Kunden keine frommen Wallfahrer sind, die betend auf Knien zu Jesu Grabeskirche rutschen. Die Leute wollen Bildung – und gepflegten Spaß. Cook entscheidet sich, kein Pilgerbüro zu werden, und eröffnet 1872 eine Filiale in Kairo, die Schifffahrten auf dem Nil anbietet. Die Flusskreuzfahrt ist geboren. Leider wird es noch 50 Jahre dauern, bis Landsmann Howard Carter das Grab des Tutanchamun entdeckt …

Er würde sich im Grabe umdrehen

Thomas Cook stirbt am 19. Juli 1892. Sein Sohn John Mason hat die Firma bereits 1879 übernommen. Sie bleibt unternehmerisch innovativ: Die erste Flugreise für Touristen (statt für Soldaten) bucht man 1919.

Dass es exakt 100 Jahre dauern wird, bis die »Thomas Cook Group« in deutschem Mehrheitsbesitz vom Arcandor-Konzern vor die Wand gefahren wird, ahnt damals niemand. Aber auf dem Friedhof von Leicester, im Grab eines frommen Laienpredigers, rotiert ein unterirdischer Propeller jedes Mal, wenn britische Hooligans und deutsche Junggesellenabschieds-Horden unter dem Namen Thomas Cook zu Sauftouren nach Mallorca aufbrechen.

Der sein Überleben verwarf

Janus Korczak, Pädagoge

Janusz Korczak. Porträt auf einer Gedenktafel in Berlin-Pankow.

»Sie sind frei, Dr. Korczak!« Was der SS-Mann da verkündet, könnte ihm ein neues Leben ermöglichen.

192 Kinder des Waisen-Internats im Warschauer Ghetto stehen vor den Viehwaggons am Bahngleis, um ins nahegelegene Vernichtungslager Treblinka verschleppt zu werden. Janusz Korczak, Heimleiter, Kinderarzt, berühmter Schriftsteller und beliebter Radio-Humorist, antwortet: »Danke, aber ich werde mitgehen.« Es ist Anfang August 1942.

Hochbegabt und sprachgewandt

Schon als Schüler spricht er neben Polnisch Russisch, Französisch und Deutsch. Die Klassiker der Literatur liest er auf Griechisch und Latein, die Bibel auf Hebräisch. Henryk Goldszmit, geboren 1878, ist der typische Vorzeigesohn einer polnisch-jüdischen Bildungselite. Noch vor dem Abitur schreibt er einen Roman unter dem Pseudonym »Janusz Korczak« – und gewinnt prompt einen Literatur-Nachwuchspreis. Sein nervenkranker Vater stirbt mit 52 in einer Psychiatrie, vermutlich von eigener Hand. Die Goldszmits stürzen in völlige Armut.

Henryk muss Geld verdienen, gibt Nachhilfestunden. Er lernt die »Kinder der Straße« in den Elendsvierteln von Warschau kennen. Über die schreibt er als Medizinstudent ein Buch. Ab 1904 macht er Karriere als Arzt in einer Kinderklinik.

Berufen zum Verzichten

»Was für den Arzt Fieber, Husten oder Übelkeit sind, sollte für den Erzieher eine Träne, ein Lächeln oder ein Erröten sein«, schreibt Janusz Korczak – und träumt von einer Pädagogik, die »Kindern nicht das ABC beibringt, das lernen sie noch in der Grundschule, sondern die Regeln der Ethik«. 1911 schaut er sich im Londoner Vorort Forest Hill ein Waisenhaus an und ist völlig überwältigt: kleine einstöckige Häuser, riesige Rasenflächen, ein Schwimmbad, Spielplätze, eine Tischlerei, eine Wäscherei, ein Nähzimmer. Jedes Kind hat einen eigenen kleinen Garten, in dem es Kaninchen oder Tauben pflegt.

> *»Auf der Heimreise kam er sich in seiner abgetragenen Kleidung und den ausgetretenen Schuhen wie ein Bettler vor; er, der Sohn eines Wahnsinnigen, ein polnischer Jude unter russischer Herrschaft, der kein Recht hat, ein Kind zu zeugen. Gleichzeitig kam die Idee hervor, dem Kind und seinen Rechten zu dienen, es an Sohnes statt anzunehmen und zu verteidigen.« (Betty Jean Lifton)*

Kurz: Der umschwärmte Warschauer Kinderarzt beschließt an einer Londoner Bushaltestelle, zeitlebens ehe- und kinderlos zu bleiben und verwahrloste Waisen als seine ihm von Gott gegebene Familie anzunehmen. Korczak wird Reformpädagoge und 1912 Leiter des Internats »Dom Sierot« (»Haus der Waisen«) in der heruntergekommenen Krochmalnastraße 92 (in Nr. 10 lebt übrigens das Kind Isaac Bashevis Singer, der spätere Literaturnobelpreisträger und Erschaffer von »Yentl«).

Warmherzig, witzig, depressiv

Als Janusz Korczak unversehrt aus dem Ersten Weltkrieg ins Dom Sierot zurückkehrt, ist der Jubel der rund 100 Kinder zwischen sechs und 14 Jahren unbändig. »Wie sie auf mich zuliefen, mich umringten! Aber – wären sie nicht noch begeisterter gewesen, wenn statt meiner plötzlich weiße Mäuse aufgetaucht wären?«

Korczak schreibt das Buch »Wie man ein Kind lieben soll« – bis heute ein Standardwerk in der Sozialpädagogik –, wird Chef eines zweiten Waisenhauses im Warschauer Villenviertel, wird Dozent am Institut für Sonderpädagogik, wird Redakteur der Kinderzeitschrift »Kleine Rundschau« und beantwortet live im polnischen Rundfunk Kinderfragen: »Der alte Doktor«, eine Radio-Ikone.

In den Hungerjahren 1919/20 ist Korczak an Typhus erkrankt, zunächst ohne es zu merken, und besucht seine schwerkranke Mutter Cecilia Goldszmit. Als er wieder gesund wird, seine Mutter jedoch an Typhus stirbt, ist klar: Er hat sie angesteckt!

Das Schuldgefühl löst eine lebenslang schwelende Depressivität bei ihm aus und nur seine engsten Mitarbeiterinnen, Stefa Wilczyńska und Maryna Falska, wissen, »dass ich Morphiumtabletten in einer tiefen Ecke meiner Schublade aufbewahre«. Hinzu kommt ein in den 20er- und 30er-Jahren zunehmender Antisemitismus der katholischen Mehrheit Polens. Als Korczaks Kinderbuch »König Hänschen I.« erscheint – in Polen etwa so berühmt wie in Deutschland »Grimms Märchen« –, da neiden viele dem »dreckigen Juden« seinen Erfolg als Arzt, Pädagoge und Medienliebling. Die jüdische Community wiederum wirft ihm vor, auf Polnisch statt auf Jiddisch zu schreiben und nicht fromm genug zu sein.

Der Überfall, der Abtransport

In seinem Buch »Wenn ich wieder klein bin« schreibt Korczak im Vorwort an die Erwachsenen:

> *»Ihr sagt: Der Umgang mit Kindern ermüdet uns. Ihr habt recht! Ihr sagt: Weil wir zu ihrer Begriffswelt hinuntersteigen müssen, uns beugen und kleiner machen müssen. Ihr irrt euch! Es ermüdet uns, dass wir zu den Gefühlen der Kinder emporklettern, uns ausstrecken und auf Zehenspitzen zu ihnen hinaufgreifen müssen, um sie nicht zu verletzen.«*

Seit dem 1. September 1939, als die Nazi-Wehrmacht Polen überfällt und bald danach zerstört, muss er diese Haltung unter ständiger Lebensgefahr beweisen: Im Oktober 1940 werden Janusz, Stefa, Maryna und ihre Kinder in katastrophal beengte Wohnverhältnisse des Warschauer Ghettos gepfercht. Kurz nach dem 5. August 1942 – an diesem Tag enden Korczaks Tagebuchnotizen – werden sie von der SS zur Verladerampe abgeholt. Władysław Szpilman, ein befreundeter Pianist, erinnert sich daran, wie er zufällig Zeuge der ›Evakuierung‹ des jüdischen Walsenhauses wurde:

> *Janusz Korczak selbst »hatte die Möglichkeit, sich zu retten, und nur mit Mühe brachte er die Deutschen dazu, dass sie ihm erlaubten, die Kinder zu begleiten. ... Er wollte es ihnen leichter machen. Sie würden aufs Land fahren, ein Grund zur Freude, erklärte er den Waisenkindern. ... Er ordnete an, sich festtäglich zu kleiden, und so hübsch herausgeputzt, in fröhlicher Stimmung, traten sie paarweise auf dem Hof an. ... Als ich ihnen an der Gęsia-Straße begegnete, sangen die Kinder strahlend im Chor, der kleine Musikant spielte ihnen auf und Korczak trug zwei der Kleinsten, die ebenfalls lächelten, auf dem Arm und erzählte ihnen etwas Lustiges.«*

Verarmt die anderen reich beschenkt

Matthias Claudius, Journalist

Sein Abendlied »Der Mond ist aufgegangen« kennt fast jeder. Seine Spottverse, Kinderreime, satirischen Essays und romantischen Naturgedichte kennt kaum jemand. Dabei wäre dieser schlitzohrige Journalist ein inspirierendes Beispiel für alle Männer des 21. Jahrhunderts, die auf der Selbstfindungsreise zwischen Rollenklischees und Gesellschaftserwartungen ihr »inneres Kind« suchen, das berühmte »Kind im Manne«, den Zugang zu unbekümmerter Emotionalität und Lebensfreude: Matthias Claudius.

Matthias Claudius. Porträt, wohl von Friederike Leisching

Lieber Schlittschuh laufen als predigen

Geboren 1740 als Pfarrersohn in Reinfeld bei Hamburg, bricht er sein Theologiestudium an der Uni Jena ab. Er und sein Bruder Josias erkranken an der Pest. Josias stirbt, Matthias überlebt. Am Grab des Bruders hält er die erste und die letzte Predigt seines Lebens. Er wechselt ins Fach Jura, aber: »Der Kopf war voll, das Herz blieb leer und ich schien gar zu vertrocknen«.

Mit 24 wird er Sekretär des Grafen von Holstein in Kopenhagen, wo sich Juristen, Künstler und Damen der feinen Gesellschaft in klirrend kalten Vollmondnächten zum Schlittschuhlaufen treffen und Matthias als »schwebender Jüngling« und »galantester Eistänzer« umschwärmt wird.

Aber das vornehme Getue ist ihm zuwider. Sein Ideal ist der einfache, ehrliche Bauer:

> *»Gottlob, dass ich ein Bauer bin und nicht ein Advokat,*
> *der alle Tage seinen Sinn auf Zank und Streiten hat.*
> *Und wenn er noch so ehrlich ist – was sie nicht alle sind! –,*
> *fahr' ich doch lieber meinen Mist in Regen und in Wind.*
> *Denn davon wächst die Saat herfür. Ohn' Hilfe des Gerichts.*
> *Aus Nichts wird Etwas dann bei mir. Bei ihm aus Etwas Nichts.«*

Lieber Bauernmädchen als feine Damen

Matthias Claudius sucht eine Wohnung in Wandsbek. Der Vermieter ist nicht da, hat aber den Schlüssel beim Nachbarn deponiert, beim Zimmermann Behn. Der ist auch nicht da. Nur seine 16-jährige Tochter Anna Rebekka. Als sie hört, was der Fremde will, stellt sie bedauernd fest, dass Vater Behn den Schlüssel zum Nachbarhaus in einer Schatulle verschlossen hat. Anna Rebekka holt kurzerhand eine Axt, hackt den Behälter in Stücke und zeigt Matthias Claudius die leerstehende Wohnung nebenan. »Ich gewann sie beim ersten Blick lieb und wollte nichts eiliger, als *mit ihr* dort wohnen.«

Am 15. März 1772 lädt Matthias Claudius etliche Freunde und einen Pfarrer zum Essen ein. »Einige wunderten sich, das Behn'sche Mägdlein in festlichem Kleide zu sehen«, aber niemand ahnt den Anlass. Plötzlich holt Claudius die schriftliche Heiratserlaubnis des dänischen Königs aus der Tasche und bittet den Pfarrer, eine Haustrauung vorzunehmen!

25 Jahre später schreibt er Anna Rebekka, die er immer hochachtungsvoll »mein Bauernmädchen« nennt, zur Silberhochzeit:

»Ich danke Dir, mein Wohl, mein Glück in diesem Leben.
Ich war wohl klug, dass ich Dich fand.
Doch nicht ich fand – Gott hat Dich mir gegeben.
So segnet keine andre Hand!«

Lieber Feuilleton als Boulevard

Wandsbek, heute ein Hamburger Stadtteil, ist damals ein Dorf rund um das Gut des Grafen Schimmelmann. Der will eine anspruchsvolle Zeitung herausgeben, die über »Religion und Kunst, nicht über Ergötzlichkeiten und umgestürzte Kutschen« berichtet. Feuilleton statt Boulevard also. Claudius schlägt vor, eine Eule als Symboltier der Weisheit aufs Titelblatt zu setzen und gezeichnete Frösche durchs Blatt hopsen zu lassen, die Kommentare quaken. Denn: In der Moses-Geschichte der Bibel sind Frösche eine Landplage, die aber den herrschenden Pharao zur Umkehr mahnen, im Auftrag Gottes. Das sollen Journalisten auch tun! Der Graf lehnt entrüstet ab. Er kann nicht ahnen, dass Matthias Claudius soeben die Ur-Idee hat für das, was wir heute »Cartoons« nennen: 175 Jahre später wird ein deutschstämmiger Amerikaner namens Walt Disney eine Maus über Zeitungsseiten huschen lassen …

Die Zeitung »Wandsbeker Bote« geht nach nur fünf Jahren ein. Aber alle nennen Matthias Claudius nun den Wandsbeker Boten.

Lieber Familie als Ruhm

Er wird Redakteur der »Hessischen Landeszeitung« in Darmstadt, geht aber »ohne Stock oder Degen, ohne Puder oder Perücke zu seiner Exzellenz, dem Grafen«, wie sich Zeitgenossen wundern. Statt sich korrekt »höfisch« zu benehmen, verspottet er lieber das

»Reiterlied« seines berühmten Schriftsteller-Kollegen Friedrich Schiller:

> *»Wohlauf, Kameraden, vom Pferd, vom Pferd!*
> *Die Rüstung ausgezogen!*
> *Daheim im Haus, am eig'nen Herd*
> *bedarf's nicht Pfeil noch Bogen.«*

Schiller ist sauer. Für Goethe ist Claudius nur »ein oberflächlicher Narr«, für Wilhelm von Humboldt »eine völlige Null«. Matthias Claudius ist das egal. Er hat eine Brustfellentzündung überlebt, er hat um drei verstorbene Kinder geweint, darunter Tochter Christiane mit 19 Jahren. Ihm stehen Leiden, Sterben und Trauern so real vor Augen, dass er alle zeittypische Selbstgefälligkeit und Selbstüberschätzung der Aufklärung, alle menschliche Selbstvergötterung des Idealismus ablehnt. Stattdessen wird das Familienglück im Hause Claudius zum Stadtgespräch:

> *»Er hat kleine Kinder, bei denen ist er Magd. Oft hat man ihn gefunden, wie er sich neben der Straße mit ihnen im Grase herumwälzte, während die edle Gesellschaft von Hamburg daneben spazierte und sich über ihn skandalisierte.«*

Kindlich kluges Gottvertrauen

Ein leidgeprüftes, lebenserfahrenes frommes Herz und ein gebildeter kluger Kopf, beide in vermeintliche Naivität verkleidet – das ist Matthias Claudius' Charme und Vorbild. Schade, dass von seinem »Abendlied« meist nur die erste Strophe gesungen wird und im evangelischen Kirchengesangbuch nur drei Strophen stehen. Strophe 4 enthält nämlich eine verblüffend aktuell klingende Gesellschaftskritik und Strophe 5 ein Gebet, das man allen Vernünftigen und Erwachsenen nur empfehlen kann:

»Wir stolzen Menschenkinder
sind eitel arme Sünder
und wissen gar nicht viel;
wir spinnen Luftgespinste
und suchen viele Künste
und kommen weiter von dem Ziel.

Gott, lass uns dein Heil schauen,
auf nichts Vergänglich's trauen,
nicht Eitelkeit uns freu'n!
Lass uns einfältig werden
und vor dir hier auf Erden
wie Kinder fromm und fröhlich sein.«

Der die Massen mit Stille begeisterte

Roger Schutz, Beter aus Burgund

Wenn bis zu 6000 Jugendliche irgendwo in der Pampa sehr provisorisch campieren, sehr einfach essen, sehr wenig bezahlen, aber sehr glücklich zuhören und mitsingen, dann nennt man das … Rock am Ring? Wacken? Woodstock? Nein: Jugendtreffen in Taizé. Der Veranstalter wurde erstochen, als er 90 war.

Frère Roger beim Europäischen Jugendtreffen von Taizé, Silvester 1991/92 in Budapest.

»Bekennend ungläubig« …

… nennt sich das jüngste der neun Kinder (!) von Pfarrer Karl Ulrich Schutz aus dem Zürcher Unterland, als er im Gymnasium die Bücher kluger Atheisten liest. Dann aber erkrankt er an Tuberkulose, seine Schwester stirbt daran, und der zweisprachig aufgewachsene Teenager Roger Louis Schutz-Marsauche »beginnt zu beten«. 1936, mit 21, studiert er evangelische Theologie in Lausanne und Straßburg und träumt von einer WG, die mehr ist als das. Die, nun ja, eine Art geistliche Gemeinschaft sein müsste. Inspiriert vom heiligen Benedikt aus dem 6. Jahrhundert, sucht er geeignete Wohnungen. Als die Deutschen den Norden und Westen Frankreichs besetzt haben, radelt Roger am 20. August 1940 in ein burgundisches Dorf mit rund 50 Einwohnern, das direkt an der Grenze zum unbesetzten Teil liegt: Taizé. Roger Schutz mietet ein Häuschen, versteckt jüdische Flüchtlinge; er begleitet gerade einen von ihnen in die Schweiz, als die Gestapo das Haus stürmt und die Gäste verhaftet. Zwei Jahre bleibt Roger in Genf, wird zum evangelischen Pfarrer ordiniert und »ohne Gehalt zum missionarischen Dienst« ausgesandt. Im Herbst 1944 – Hitlers Besatzer sind vertrieben – kehrt er mit drei Freunden nach Taizé zurück. Rogers Schwester Geneviève versorgt jetzt Kriegswaisen, versteckt deutsche Deserteure und beschützt Gefangene vor dem Lynchmob der rachedurstigen französischen Dörfler.

»So was gab's noch nie« …

… staunen die Nachbarn, als sieben durchweg evangelische Freunde am Ostersonntag 1949 die »Kommunität von Taizé« gründen. Ehelosigkeit, Gütergemeinschaft, Freude, Barmherzigkeit – alles ähnlich wie bei Benediktinern, nur halt evangelisch. Aber warum wird »Frère Roger« 1962 zum Zweiten Vatikanischen Konzil nach Rom eingeladen? Warum besucht ab 1964 ein gewisser Karol Wojtyła, Erzbischof von Krakau in Polen, seinen Kumpel Roger Schutz so gern? 1969 tritt ein katholischer Arzt dem Orden bei und macht ihn damit ökumenisch. Als im August 1974 rund 40.000 Jugendliche Taizé überfluten, nennt Roger das nicht »Festival«, sondern »Konzil«. Die geistlichen Grundsätze der Kommunität nennt er nicht »Regeln«, sondern »Quellen« und formuliert sie bis 2001 mehrmals um. »Wir wollen im Geist der Bergpredigt einen einfachen Weg zeigen, um ein Gleichnis der Gemeinschaft zu leben. Wir sind keine Lehrmeister, sondern Menschen, die anderen zuhören.«

»Warum strömen die Massen?« …

… fragen Journalisten jedes Jahr, denn die Jugendtreffen gibt es bis heute. An Pfingsten in Taizé, über Silvester an wechselnden Orten. Geboten wird, programmtechnisch gesehen, eigentlich nix. Der massenmagnetische »Star des Abends«: die Stille. Das »Line-up« auf der nicht vorhandenen Bühne: zwei Dutzend Herren in weißen Gewändern, die beten und singen. Morgens, mittags und abends jeweils 45 Minuten plus 15 Minuten Schweigen. »Silence please« bitten Schilder und Plakate überall auf dem Gelände – und zigtausende Kids halten sich dran. Was sie singen, ist weder Worship-Pop noch Gospel, hat aber seit 1975 weltweit die Gottesdienste und Hauskreise aller Konfessionen erobert: »Laudate omnes gentes«, »Ubi caritas et amor«, »Nade te turbe«. Einfache vierstimmige Gesänge von Jacques Berthier, Joseph Gelineau und anderen, die vor allem eins erzeugen sollen: Stille. Atmen. Beten, Gottesnähe, Jesusliebe.

»Wir vertreten keine eigene Theologie, es gibt keine spezielle ›Botschaft von Taizé‹«, sagt Roger Schutz bei jeder der jährlichen Privataudienzen im Vatikan, nachdem Karol Wojtyła 1978 Papst Johannes Paul II. geworden ist. Er betont sogar diesem konservativen Hardliner gegenüber: »Finde dich niemals ab mit dem Skandal der Spaltung unter den Christen.« Für diese Haltung wird ihm 1974 der Friedenspreis des deutschen Buchhandels und 1989 der Karlspreis der Stadt Aachen verliehen. Außer einer ultra-evangelikalen Zeitschrift in Deutschland (»Verkürzung der Bibel«, »Irrweg der Selbstversenkung«, »Quelle der Esoterik«) finden alle, er werde zu Recht ausgezeichnet.

»Ach guck, es geht also doch« …

… denken 3,5 Millionen Katholiken auf dem Petersplatz in Rom und Zigmillionen Fernsehzuschauer weltweit am 8. April 2005.

Feierliche Beisetzungsmesse für den gerade verstorbenen Papst Johannes Paul II. Rund 200 Regierungschefs und weitere Prominente sind da. Ausgerechnet der konservative deutsche Kardinal Joseph Ratzinger geht mit der konsekrierten Hostie in der Hand zu Roger Schutz in der ersten Reihe, reicht also das heilige Sakrament der Eucharistie einem Schweizer Pfarrer der evangelisch-reformierten Kirche! Als Gerüchte entstehen, Roger Schutz sei heimlich zur katholischen Kirche konvertiert, dementiert er das. In Taizé selbst werden mit Rücksicht auf geltendes Kirchenrecht die katholischen, orthodoxen und evangelischen Abendmahlsfeiern »zwar getrennt gefeiert, aber gemischt besucht«, schmunzeln erfahrene Taizé-Besucher. Was am 8. April 2005 keiner ahnt: Ratzinger wird elf Tage später Papst Benedikt XVI. heißen. Und Schutz wird vier Monate später tot sein.

»Einfach weiterbeten, jetzt erst recht« ...

... entscheiden die Brüder beim Abendgebet des 16. August 2005, als eine 36-jährige psychisch kranke Rumänin mit einem Messer auf den 90-jährigen Roger Schutz einsticht. Rettungskräfte tragen den Schwerverletzten hinaus, aber um Panik unter den Jugendlichen zu verhindern, wird die Veranstaltung fortgesetzt. Roger Schutz stirbt. Sein bereits Jahre zuvor designierter Nachfolger, der Deutsche Alois Löser, ist in Köln, wo tags darauf der 20. katholische Weltjugendtag mit rund 750.000 Teilnehmenden eröffnet werden soll. Die Nachricht vom Attentat verändert die rheinische Festivalstimmung zu einer betroffenen Gebetshaltung. Die im besten Sinne missionarisch-seelsorgliche Wirkung des introvertierten, oft schüchtern wirkenden Beters aus Burgund und seiner rund 100 Mitbrüder aus 25 Ländern ist ungebrochen bis heute.

Nervig visionär mit den »Wilden«

William Penn, Politiker

Er ist 16, studiert Theologie in Oxford und wirft seinen Professoren »haltlose Eitelkeit« vor. Er boykottiert den Gottesdienst – und fliegt prompt von der Uni. Sein Vater, ein adliger Admiral, lässt ihn auspeitschen. Er soll Jurist oder Offizier werden, doch Marine-Kadett William Penn tritt 1667 einer Gruppe religiöser Dissidenten bei, die sich »Gesellschaft der Freunde« nennt. »Sie halten nichts von Hierarchie, ziehen vor niemandem den Hut, duzen jeden und weigern sich zu schwören. Ihr Ja oder Nein sei ebenso gut wie ein Eid«, heißt es in einer Anklageschrift gegen die Gruppierung.

William Penn. Posthumes Porträt, um 1750.

Ein religiös missratener Hallodri?

Die neuen Kirchenkritiker streben eine »Wiederbelebung des Urchristentums« an. Sie predigen einfachen Lebensstil, eine Gemeinschaft der Gleichberechtigten und aktive Friedensarbeit. »Um der Seelen Seligkeit willen erzittern wir vor dem Wort des Herrn«, sagen sie. Damit haben sie ihren Spottnamen weg: »die Quäker«. Von »to quake«: »erzittern, erbeben«.

Aber: Ohne Eid gibt's kein öffentliches Amt, ohne Bekenntnis zur anglikanischen Staatskirche keine bürgerlichen Rechte. Seit 1661 sitzen rund 15.000 Quäker in Englands Gefängnissen, 450 sterben im Knast. Ihr Besitz wird zwangsversteigert, was für Denunzianten ein lukratives Immobiliengeschäft ist.

William Penn ist 24 und Rechtsanwalt. Er verteidigt angeklagte Quäker, stellt bestehende Gesetze als moralisch fragwürdig dar, appelliert an das Gewissen der Geschworenen: »Unter Gewissensfreiheit verstehen wir nicht eine Beliebigkeit des Handelns, sondern das Recht, unseren Glauben und seine Konsequenzen im öffentlichen Leben praktizieren zu dürfen, solange dadurch keine weltlichen Gesetze verletzt werden.« Eine Argumentation, die sich 300 Jahre später Martin Luther King zu eigen machen wird.

Im 17. Jahrhundert aber, im britischen Oberhaus, nervt so was nur. König Charles II. würde den frommen Querkopf gern in aller Stille entsorgen, aber: Er schuldet Williams Vater noch was. Kapitän Penn senior hatte 1655 die Insel Jamaika den Spaniern entrissen und wartet auf 16.000 Pfund Matrosen-Sold … Da kommt dem König eine Idee.

Nimm dein Geschenk und verschwinde

> *»Wegen der Zuversicht, die wir in die Weisheit und Gerechtigkeit des William Penn setzen, überlassen wir ihm und seinen Erben die Landschaft ›Sylvania‹ in den amerikanischen Kolonien. Wir übereignen ihm auch das Recht, Gesetze zum Besten des Landes zu erlassen. Damit die neue Niederlassung sich desto glücklicher vermehren möge, geben wir allen unseren Untertanen die Freiheit, sich dorthin zu begeben.«*

So lautet es in der Schenkungsakte vom 4. März 1681. Klingt freundlich, ist aber ein vergifteter Apfel. Wer will sich schon »dorthin begeben«, in die reine Wildnis?

William Penn ist gerade auf Predigttour durch deutsche Fürstentümer: Wesel, Mülheim, Duisburg, Köln – er besucht Glaubensverwandte der Quäker, die Mennoniten, eine kleine pazifistische Täufer-Freikirche. Unter Frankfurter Pietisten trifft er einen 26-jährigen Jurastudenten aus dem fränkischen Bad Windsheim, Franz Daniel Pastorius, und der überredet immerhin 13 Mennonitenfamilien aus Krefeld, der kirchlichen und staatlichen Verfolgung zu entfliehen. Mit dem Schiff »Concord« landen diese ersten deutschen Siedler der neuen Welt am 6. Oktober 1683 in »Penns Waldland« Pennsylvania.

»Den Ort nannten wir Germantown«, erinnert sich Franz Pastorius später, »etliche sagten ›Armen-Town‹, sintemal viele der Beginner sich nicht auf Monate hinaus verproviantiert hatten.« Kurz: Als die Vorräte verbraucht sind, hält der Hunger Einzug.

Umnachtete Teufelsanbeter oder Freunde?

In den Wäldern am unteren Delaware River leben rund 8000 Indigene vom Volk der Leni Lenape und der Irokesen. Seit 1620 gibt es europäische Niederlassungen an der amerikanischen Atlantikküste. Für die Siedler in »Nieuw Amsterdam«, dem heutigen New York, sind das alles »umnachtete Teufelsanbeter«.

William Penn jedoch meint, »aufgrund ihrer Nasen könnten sie Juden sein, Nachfahren der zehn verschwundenen Stämme Israels. Sie opfern dem Herrn die Erstlingsfrüchte ihres Feldes und feiern ein Fest der Offenbarung Gottes.« Penns völkerkundlicher Irrtum motiviert ihn, die Sprache der »Delawaren« zu lernen, wie er alle Ureinwohner nennt.

> *»Meine Freunde!«, schreibt er an Häuptling Tammany, »ein Gott ist es, der alle Dinge geschaffen hat und dem wir eines Tages Rechenschaft schuldig sind für unser Tun. Sein Gesetz ist in unser aller Herz geschrieben, dass wir einander lieben sollen. Nicht die religiöse Uniformität hält einen Staat zusammen, sondern der moralische Konsens seiner Bürger. Aufgrund der Zehn Gebo-*

te, der Bergpredigt Jesu und des doppelten Liebesgebots wollen wir Gesetze schaffen, die allen Bürgern Freiheit garantieren, den Schutz ihres Besitzes und eine gerechte Verteilung desselben. Durch ein friedfertiges und gerechtes Leben hoffen wir, Gott Ehre zu bereiten und euch Vorteile zu verschaffen: In Konferenzen gleichberechtigter Vertreter wollen wir versuchen, schnelle Genugtuung und geregelte Verhältnisse herzustellen durch eine ständige Schiedsstelle.«

Nicht nur den Indigenen sichert dies das Überleben: Die hungernden frommen Deutschen lernen von den Einheimischen Jagd, Landwirtschaft und Viehhaltung in der fremden Natur.

200 Jahre Völkermord in Nordamerika wären vermeidbar gewesen, hätte William Penns »heiliges Experiment«, wie er es nannte, historisch Schule gemacht.

Naivling oder Visionär?

William Penn kehrt nach England zurück, bleibt politisch einflusslos, wird von einem Verwalter um die Einkünfte aus seinem »Waldland« betrogen und kann nicht verhindern, dass ein Drittel der Siedler ihre eigene Nachbarkolonie »Delaware« gründen. Heerscharen neuer Siedler etablieren gewohnheitsrechtlich die Sklavenhaltung und zetteln Kriege mit den Indigenen an. 1693 stirbt William Penns Frau, 1696 sein Sohn, 1712 erleidet er drei Schlaganfälle, lebt sechs Jahre dement in der Pflege seiner zweiten Frau und stirbt am 30. Juli 1718 in Ruscombe (Berkshire, England).

»Germantown« ist heute ein Stadtteil von Philadelphia und die »Crefeld Street« schreibt sich mit C. Die Quäker Amerikas waren die Ersten, die im Sommer 1945 private Hilfslieferungen ins zerbombte Nazi-Deutschland schickten, »Care-Pakete« für unsere Großeltern.

Die nach wie vor pazifistischen Mennoniten wehrten sich gegen vereinnahmende Geschichtsklitterei, als 1983 US-Präsident Ronald Reagan und Bundespräsident Karl Carstens die Ankunft der »Concord« vor 300 Jahren als den Beginn einer nordatlantischen Waffenbrüderschaft feierten. Die Texte des William Penn aber – die bleiben auf beunruhigende Weise prophetisch. 1693 schreibt er in einem Aufsatz »Über den künftigen Frieden in Europa«:

> *»Friede wird von Gerechtigkeit genährt, Gerechtigkeit von Gottesfurcht. Aber nur ein freies Gewissen kann Gott suchen und finden. Gäbe es doch eine Versammlung europäischer Herrscher und säßen auch Russen und Türken, die jedermann hasst, mit am Tisch des Friedens – dann müsste sich jeder Herrscher dem Entschluss beugen, das Blutvergießen zu beenden!«*

Der »Irre und Elende« versorgte

Vinzenz von Paul, barmherziger Abenteurer

Kurz vor Marseille springen muslimische Piraten an Bord, erdolchen den Kapitän, fesseln die Passagiere, darunter den 24-jährigen Vincent de Paul, segeln nach Tunis zurück und verkaufen ihn dort als Sklaven. Die Angst der Fischer und Dorfbewohner entlang der Côte d'Azur hat sich wieder mal bestätigt: Menschenjagd ist 1605 ein lukratives Geschäft der nordafrikanischen »Korsaren«.

Vinzenz von Paul. Porträt im Château de Bussy-Rabutin.

Rasante Rollenwechsel

Seine tunesischen Besitzer wissen nicht, dass ihr neuer Haus- und Gärtnersklave Theologie studiert hat und ein geweihter Priester ist. Dass er 1581 als Bauernsohn in der Südwestecke Frankreichs geboren wurde, dass sein Vater zwei Ochsen verkaufte, um ihn mit 13 auf Hochschulen in Dax und Toulouse zu schicken – das interessiert niemanden. Nach zwei Jahren Schinderei entkommt Vincent mit Hilfe eines Mitsklaven – »Schleuser« gab es schon vor 400 Jahren –, kann nach Rom fliehen und wird von Papst Paul V. im Jahre 1609 mit einer vertraulichen Nachricht zu König Heinrich IV. nach Paris geschickt.

Weil der französische König auch aus der Gascogne stammt? Weil er evangelisch-calvinistisch aufwuchs und 1598 mit dem

»Edikt von Nantes« vier blutige Kriege gegen die Hugenotten beendet hatte? Die Historiker streiten. Sicher ist nur: Rasante Rollenwechsel werden Vincents Lebensthema. Priester, Sklave, Flüchtling, Kirchendiplomat.

Für einen Arzt in schwerer Glaubens- und Identitätskrise betet er darum, Gott möge die Depression auf ihn, Vincent, übergehen lassen. Was prompt geschieht: Der Mann lebt auf, Vincent versinkt vier Jahre lang in Selbstzweifel und »gottesferne Dunkelheit«. Er merkt aber: Besser geht es ihm immer dann, wenn er sich um die – in Paris reichlich vorhandenen – »Irren und Elenden« kümmert. Hungernde, Obdachlose, Findelkinder.

Radikale Stellvertretung

1612 wird Vincent Hauslehrer am Hofe des gleichaltrigen Grafen Philippe Gondi. Dessen älterer Bruder ist Bischof von Paris, er selbst aber ist General der Marine und zuständig für die Galeerensträflinge. Betrüger, Verräter und Mörder werden hingerichtet oder bekommen die »lebenslange Todesstrafe«: Sie werden an die Ruderbänke französischer Kriegsschiffe geschmiedet.

»Herumvagabundierende und sonstig verdächtige Leute sind den Venezianern zu übergeben », heißt es zum Beispiel auf Amtsdeutsch auch in der bayerischen Landesverordnung. Vor allem Schweizer Kantone verdienen gut daran, »Ketzer« und »Verwilderte« via Italien auf die Galeeren zu verkaufen. Vincent erinnert das an seine eigene Zeit als Sklave. Und eines Tages ist er verschwunden. Tagelang. Dienstherr Philippe Gondi findet ihn in einem bretonischen Hafen, wo er anstelle eines Sträflings an der Ruderbank einer Galeere sitzt, die zum Glück noch nicht in See gestochen ist.

Vincent hat ein Gelübde abgelegt, sein Leben in den Dienst der Schwächsten zu stellen. 1617 gründet er einen Frauenverein, die »Confrèrie des Dames de la Charité«, dem 1620 ein Männerverein folgt. Verbindliche Gemeinschaften ehrenamtlicher Fürsorger und Pflegerinnen, die dezentral und ambulant in die Elendsquartiere gehen und helfen. Die Vereine verbreiten sich schnell über ganz Frankreich.

Frauen was zutrauen

1625 stirbt der Privatsekretär der mächtigen Königin Maria de' Medici. Seine Witwe, Louise de Marillac, hatte die »Confrèrie« immer unterstützt. Jetzt schickt Vincent die vornehme Adlige auf eine Reise durch Frankreichs Unterschicht in Bauernscheunen und Gesindehäuser, um dort seine lokalen Fürsorgevereine zu koordinieren. Die höfische Gesellschaft hält sie für verrückt. Louise eröffnet 1633 ein eigenes Krankenhaus mit nur vier Schwestern in der Tracht bretonischer Bäuerinnen. Vincent erweitert das zu einem »alternativen« Krankenpflegeorden, den »Töchtern der christlichen Liebe«, aus denen später die »Barmherzigen Schwestern« hervorgehen – die heute auch »Vinzentinerinnen« genannt werden. Er verlangt keine lebenslangen Gelübde, aber einen breitgefächerten Dienst: Suppenküchen, Flüchtlings- und Altenheime, Krankenpflege, vor allem aber einen anderen Umgang mit geistig Behinderten. Vincents Reformpläne für die »Idiotenanstalten« des 17. Jahrhunderts machen ihn zu einem Wegbereiter neuzeitlicher Psychiatrie.

Als der fromme Armenfürsorger die Vergabe lukrativer Bischofsämter an regierungstreue Günstlinge kritisiert, fällt er zuerst bei Kardinal Mazarin in Ungnade, dann auch bei Maria de' Medici. Der Adel ist sowieso gegen ihn, weil er als Priester in seinen Predigten das weitverbreitete Duellieren bekämpft. Vincent de Paul muss fliehen, kehrt aber bald zurück und stirbt am 27. September 1660 in Paris.

Späte Ehrung

Dass sich in verehrender Erinnerung Fakten und Legenden seines Lebens untrennbar mischten; dass sein Leichnam zweimal exhumiert wurde, 1712 und 1737; dass drei Päpste ihn erst selig-, dann heiligsprachen und zum Patron der Caritas ernannten; dass man seine Knochen in eine liegende Wachsfigur und die wiederum 1830 in einen gläsernen Sarg steckte (zu besichtigen in der Rue de Sèvres in Paris); dass man sein Geburtsdorf Pouy in »Saint-Vincent-de-Paul« umbenannte – für all das kann er nix. Aber dass die »Sisters of Mercy« der Mutter Teresa nach seinem Vorbild gegründet wurden und »Vinzentinerinnen«, die größte Frauengemeinschaft der katholischen Kirche, ein unverzichtbarer Stützpfeiler auch der deutschen Kranken- und Altenpflege sind – dafür kann er was. Vincents geradezu tiktok-tauglich knappes Lebensmotto lautete: »Liebe sei Tat.«

Den Vater in sich überwinden

Søren Kierkegaard, Theologe und Philosoph

»Still, fremd, freudlos, zurückgezogen, schmächtig und blass«, schreiben die Lehrer über jenen Søren, den seine Mitschüler nur »Sockensøren« nennen, weil er immer zu kurze Hosenbeine hat.

Søren Kierkegaard, ca. 1845 gezeichnet von P. C. Klæstrup.

Der Schuldgefühl-Erbe

Søren wird am 5. Mai 1813 als siebtes Kind eines steinreichen Kopenhagener Wollhändlers geboren, der zeitlebens unter zwei Schuldgefühlen litt: Als Hirtenjunge auf den Hügeln von Jütland, hungernd und frierend, hatte Michael Kierkegaard lauthals Gott verflucht. Und als junger Ehemann hatte er ein Dienstmädchen geschwängert, während seine Frau schwerstkrank darniederlag. Kurz darauf starb sie an einer Lungenentzündung. Der untreue Witwer musste die Magd heiraten, überzeugte aber alle seine Kinder davon, dass ein Fluch auf der Familie liege: Keiner von ihnen würde älter als Jesus Christus werden, also 33 Jahre – höchstens. Bis Søren 25 Jahre alt ist, sind tatsächlich fünf Geschwister tot!

> *»Ich bin von einem Greis erzogen worden, der seine ganze Schwermut einem armen Kinde auflud, ungeheuer streng im*

Christentum. Meine einzige Freude bestand darin, Angst und Traurigkeit hinter scheinbarer Heiterkeit zu verbergen.«

Der zynische Dandy

Auf Kopenhagens Prachtboulevard Strøget spaziert ein kleiner rotblonder Student mit Zylinder auf dem Kopf, Zigarre im Mundwinkel und vergoldetem Fernrohr unterm Arm. Sein blitzschneller Verstand, seine Schlagfertigkeit, sein sarkastischer Witz machen Søren Kierkegaard zum Star all jener Runden, die wahlweise sturzbetrunken unterm Tisch oder in einem Bordell enden. Auf Befehl des Vaters studiert er zwar Theologie, aber:

»Wenn ich auf manche Christen schaue, dann scheint mir, dass sie im Vergleich zu den Heiden ihrer Mannheit beraubt sind und sich verhalten wie der Wallach zum Hengst.«

Auch dieser Spott hat eine tragische persönliche Seite: Søren hat sich unsterblich in Regine Olsen verliebt, ihre Verlobungsfeier ist ein Event der feinen Gesellschaft Kopenhagens. Aber in 31 Liebesbriefen entfernt er sich mehr und mehr von ihr, bis er ihr am 11. August 1840 ohne erkennbaren Anlass den Verlobungsring zurückschickt, umgeschmiedet zu einem Kreuz. Regine bekommt innerhalb weniger Wochen graue Haare. »Sie wählte den Schrei. Ich wählte den Schmerz, als ausgemachter Schurke weiterleben zu müssen.«

Regine heiratet bald einen anderen Mann, aber noch drei Jahre später begegnen sich die beiden Unglücklichen jeden Montagvormittag zwischen 9.00 und 10.00 Uhr im Park, ohne ein Wort zu sagen. »Sie hat zweimal genickt. Ob bittend oder vergebend, weiß ich nicht. Ich schüttelte den Kopf. Das bedeutete: Du musst mich aufgeben.« Einen seiner Briefe unterschreibt Kierkegaard mit »Farinelli«. Das ist der damals berühmteste italienische Opern-Tenor, ein Kastrat …

Der kritische Philosoph

Nach dem Tod seines Vaters ein reicher Erbe, kann sich Søren ganz dem Schreiben widmen. Die Titel seiner Bücher sind symptomatisch: »Entweder – oder«, »Furcht und Zittern«, »Der Begriff Angst«, »Die Krankheit zum Tode«. Seinen Spott über ein vorgeblich schuldbewusst reumütiges, in Wirklichkeit aber angstbesetztes Christsein behält er zunächst bei:

> *»Fast überall, wo sich Christen mit der Zukunft beschäftigen, ist Strafe, Vernichtung, ewige Qual und Pein. Und wie dürftig ist ihre Fantasie, wenn sie die ewige Seligkeit der Gläubigen schildern! Als ein Angaffen des Herrn mit starren Pupillen.«*

Kierkegaard klopft alle bisherigen Denksysteme auf ihre Auswirkungen im konkreten Leben des Einzelnen hin ab.

> *»Ich muss mit mir ins Reine kommen, ich muss eine Wahrheit finden, die Wahrheit für mich ist. Denn was nützte es mir, dass ich die Bedeutung des Christentums erklären könnte, wenn es für mich selbst keine tiefere Bedeutung hätte?«*

Dass er mit dieser Frage ein Vorreiter der Existenzphilosophie des 20. Jahrhunderts werden würde, dass er Denker wie Theodor W. Adorno, Ernst Bloch und Karl Jaspers beeinflussen und Schriftsteller wie Franz Kafka, Rainer Maria Rilke, Robert Musil und Max Frisch inspirieren würde, kann er nicht ahnen.

Der Philosoph und Prediger

Zeit seines Lebens beschäftigt er sich – nicht überraschend bei seiner Prägung – immer wieder mit der alttestamentlichen Geschichte von Isaaks Opferung aus dem Buch Genesis, Kapitel 22: Ein Vater ist bereit, seinen Sohn zu schlachten, weil er meint, Gott verlange dies von ihm als Gehorsamsprüfung. Die Geschichte seines Vaters mit ihm, Søren.

Vier Versionen dieser Szene spielt Søren literarisch durch, bis er zur Kernaussage durchdringt, dass Gott kein Menschenopfer verlangt, sondern sich selbst als Stellvertreter und »Sündenbock« bereitstellt. Entscheidend, so Kierkegaard, sei für Väter wie für Söhne die Erkenntnis des eigenen Ichs.

> *»Es ist eine unbeschreibliche Freude, die mich unerklärlich durchglüht. Nicht Freude über dieses und jenes, sondern der Seele vollgültiger Ausruf mit Zung' und Mund aus Herzensgrund, ein himmlischer Kehrreim, eine Freude, die gleich einem Windhauch kühlt und erfrischt.«*

Hat Kierkegaard ein Bekehrungs- und Befreiungs-Erlebnis? Er versteht dieses plötzliche Umschlagen seiner Gefühle als »Begegnung mit der Ewigkeit, mit Gott« und nennt es später »meinen Sprung in den Glauben«. Jetzt will er »den Ernst des Evangeliums zum Leuchten bringen« und »das Christ-Sein ins Christentum zurücktragen«. Berühmt ist sein Vergleich mit einer Kutsche:

> *»Der bewusstlos Dahinlebende ist wie ein betrunkener Bauer, der im Wagen liegt und den Pferden den Weg überlässt. Der bewusst lebende und sich selbst suchende Mensch lenkt die Pferde recht und schlecht, erreicht aber immer nur die Wiederholung seiner Mittelmäßigkeit. Gezogen wird die Kutsche von einem lahmen Gaul namens Zeit und einem Rennpferd namens Ewigkeit.«*

Für Kierkegaard ist »Ewigkeit« keine naive Himmelsvision, sondern das Qualitätsprädikat eines mit sich, der Welt und Gott versöhnten Lebens.

> *»Reif, wirklich reif für diese Ewigkeit ist der Mann, der die Zügel Gott überlässt, diesem listig unsichtbaren, allgegenwärtigen Kutscher. Nur er hält Zeit und Ewigkeit in Händen.«*

Den vermeintlichen Fluch, an den sein Vater glaubte, überlebt Søren Kierkegaard um neun Jahre: Er stirbt am 11. November 1855 mit 42 an einer Tuberkulose der Wirbelsäule.

Infizierte umarmen!

Wolfgang Uhle, Mörder und Pestpfarrer

Wenn ein Mörder den Kindergottesdienst gestaltet – würden Sie Ihre Sprösslinge dort hinschicken? Wenn dieser Pfarrer zudem täglich Kontakt zu ansteckenden Kranken hat?

Bergwerk oder Kirche?

»Alterle« – das ist nicht »Opa« auf Schwäbisch, sondern das Dorf Elterlein auf Sächsisch. Hier im Erzgebirge herrscht seit 1492 das »große Berggeschrey«, vergleichbar dem Goldrausch in Kalifornien und Alaska 400 Jahre später: Die Leute strömen zum Schreckenberg ins heutige Annaberg-Buchholz, weil man dort Erz und Silber schürfen – und reich werden kann. Aber Bürgersohn Wolfgang Uhle, geboren 1512 in Elterlein, will nicht Bergmann oder Silberschmied werden, sondern Pfarrer. Er studiert Theologie in Leipzig, als »nichts mehr so ist, wie's mal war«: Die Reformation tobt durchs Land, die Spaltung der Kirche und die Krise der Staaten. Wolfgang Uhle ist begeistert. So begeistert, dass er 1542 nach Wittenberg geht und zum Pfarrer ordiniert wird, ob von Martin Luther selbst, ist nicht dokumentiert. Allerdings gibt's ein Problem.

Der Choleriker

Wolfgang ist aufbrausend, reizbar bis zum Jähzorn. Dass er in 16 Jahren viermal die Pfarrstelle wechselt, kann nicht nur an der

Armut der Gemeinden liegen. Immerhin kauft sich Familie Uhle 1561 einen Gutshof in Clausnitz, ca. 15 Kilometer nördlich von Chemnitz.

Problem Nummer 2: Der Dorfrichter von Clausnitz, Georg Bieber, ist bestechlich. Vor allem, wenn's um Grundstücke, Häuser, Steuern und Urkunden geht. Und dann passiert es. Originalton Kirchenchronik:

> *»Anno 1563 Jare, den 10. Julij, welcher war den Sonnabent nach Kiliani, ist der Richter zu Clausnitz Geörge Biber, von dem pfarner doselbst Herr Wolff Ullen genannt, mit einem spitzigen Husseerischen Hammer, welcher des Richters gewesen, erschlagen worden, unten im Dorff beij der Schmelzhütten.«*

Pfarrer erschlägt Richter? Der Skandal ist perfekt. Hammermörder Uhle verschwindet spurlos noch in derselben Nacht. Das Annaberger »Halsgericht« schreibt ihn zur Fahndung aus und verurteilt ihn in Abwesenheit zum Tode. Seine Frau weiß jahrelang nicht, ob er noch lebt. Doch die Ermittlungen müssen bald eingestellt werden: 1565 bricht die Pest aus im Erzgebirge, rund 2300 Einwohner in der Region sterben. Da kommt ein Brief im Rathaus an. Von Wolfgang Uhle …

Der »Pestilential für vergiffte Personen«

Er schreibt, er habe sich vier Jahre »in den böhmischen Waldungen« versteckt, sei aber bereit, als Pfarrer für Pestkranke zurückzukehren, wenn man ihn begnadigt! Die Annaberger Ratsherren suchen dringend jemanden, der die vielen Beerdigungen macht. Und, nun ja, wenn sich Herr Uhle infiziert, wäre es eine Art nachträgliche Urteilsvollstreckung. Bingo. Sie bitten Kurfürst August in Dresden um ein Begnadigungsschreiben und kriegen es sogar. Man lässt Wolfgang Uhle im Oktober 1566 unter freiem Geleit zurückkehren, stellt ihn als »Pestilential für vergiffte Personen« an, rechnet mit seinem baldigen Tod – aber Wolfgang Uhle infiziert sich nicht! Obwohl er täglich Schwerstkranke besucht, Sterbenden das Abendmahl ans Bett bringt, Pest-Tote beerdigt und infizierte Angehörige tröstet.

Die öffentliche Meinung kippt ins Positive: Seine Gesundheit wird als »Gottesurteil« gewertet, sein Mut als sichtbares Zeichen der gnädigen Vergebung Gottes. Uhles Gottesdienste sind brechend voll, trotz der Ansteckungsgefahr. Als er im April 1568 in eine Pfarrstelle nach Breitenbrunn wechselt, feiert man ihn als Helden der Nächstenliebe.

Ein Herz für Kinder

Das Unbeherrschte in ihm scheint durch den Mord, die Flucht und die Pest gemildert zu sein: Der unstete Wolfgang Uhle bleibt 25 Jahre lang Pfarrer in Breitenbrunn. Seine Frau ist ihm 48 Ehejahre lang treu gewesen, als sie 1577 stirbt. Sie hat eine ungeahnte Begabung in ihm gefördert: Pädagoge zu sein. 17 Jahre als Witwer machen Wolfgang Uhle zum allseits beliebten »Kindergottesdienstpfarrer«, der anhand biblischer Geschichten den mehrheitlich analphabetischen Kindern geduldig Lesen und Schreiben beibringt. Der »Opa aus Alterle« wird Förderer des regionalen Bildungswesens.

Der erste Sonntag nach Ostern heißt im evangelischen Kirchenkalender »Quasimodogeniti« – »nach Art der Kinder« –, weil in diesem Gottesdienst Säuglinge oder Erwachsene, weiß gekleidet, durch die Taufe in die Gemeinde aufgenommen werden. Die Katholiken meinen dasselbe, wenn sie »Weißer Sonntag« sagen. Der 7. April 1594 ist so ein Weißer Sonntag der Kinder und Täuflinge, als Wolfgang Uhle, 82, vom Schlaganfall getroffen neben dem Altar zusammensackt und stirbt.

Alter Schwede!

Dag Hammarskjöld, UNO-Generalsekretär

»Bei deiner Geburt waren alle froh – und du weintest. Lebe so, dass bei deinem Tod alle weinen und du voll Vorfreude bist.« Sagt so etwas ein Politiker?

Dag Hammarskjöld 1950.

Auf Rosen gebettet …

Mehr High Society geht nicht: Dags Vater ist schwedischer Premierminister, sein Onkel ein Vier-Sterne-General, seine Familie residiert im Wasa-Schloss in Uppsala. Nebenan wohnt der legendäre evangelische Erzbischof Nathan Söderblom. Dag nimmt mit dessen Tochter Tanzstunden.

Aber: Dags Mutter, bei seiner Geburt am 29. Juli 1905 bereits 40, hatte sich keinen vierten Sohn, sondern sehnlichst eine Tochter gewünscht. Sie steckt ihren Jüngsten in Mädchenkleider, flicht Bänder in seine Locken, präsentiert ihn auf Gala-Empfängen wie einen jugendlichen Liebhaber. Dags strenger Vater, der »wie ein Granitblock im Zimmer sitzt«, ist auch emotional einer. Kalt, hart, fordernd. Als Dag mit 17 (!) ein glänzendes Abiturzeugnis nach Hause bringt, brummt Hilmar Hammarskjöld nur: »Dein Bruder war besser.«

… zweifelnd nach oben …

Zeitlebens plagen den blassen Streber Selbstzweifel, Schwermut und Einsamkeit. »Er war nicht erwünscht. Als er dennoch dazukam, durfte er zusehen beim Spiel«, schreibt der Elfjährige ins Tagebuch. In der Pubertät passt er sich brav an, fühlt sich verantwortlich für seine alternde Mutter. Viele »höhere Töchter« der feinen Stockholmer Gesellschaft schreiben ihm parfümierte Liebesbriefe – Dag reagiert nie. Er flüchtet in die Arbeit, besteht nach nur drei Semestern sein Jura-Examen, promoviert 1933 zum Doktor der Politologie, wird mit 30 Jahren Staatssekretär im Finanzministerium, später Präsident der Reichsbank, und 1951 stellvertretender Außenminister Schwedens.

Dann noch ein Karrieresprung: Die Vereinten Nationen wählen ihn zum neuen Generalsekretär! Als Dag am 9. April 1953 in New York landet, steht in seinem Tagebuch: »Das Leben der Jünger Jesu ist getragen von Gott. Fern liegt ihnen jeglicher Stolz. Sie vergelten nur, was Gott ihnen Gutes getan hat.« Ein Zitat aus der »Nachfolge Christi« des mittelalterlichen Mystikers Thomas von Kempen. Dag legt die Kopie seines Amtseides vor der UNO in dieses Andachtsbuch.

… bis zur inneren Lebenswende

»Irgendwas muss sich Ende '52 / Anfang '53 bei ihm gedreht haben«, meinen Hammarskjölds Biografen Ruth und Karl-Heinz Röhlin, »ein Ton der Zuversicht, der Bejahung, der Hinwendung zum Leben spricht aus seinen Tagebüchern. Das war sicher kein plötzliches Umschalten, sondern eher ein innerer Prozess, der dann sozusagen in einer Gewissheits-Erfahrung zum Durchbruch kam.« Wie, was und wann genau, das hat der stille Schwede stets für sich behalten. Aber:

»Er hat dann unendlich viel Bibel gelesen, sich intensiv mit den Autoren der christlichen Mystik befasst, mit Meister Eckhart, mit Johannes vom Kreuz, mit Thomas von Kempen. Bei den christlichen Mystikern fühlte er sich verstanden. Sie formulierten, wovon auch er zutiefst bewegt war. Sie gaben seinen Gedanken eine Richtung und seinem Leben eine Deutung.«

Wobei mit »Mystik« nicht esoterische Natur-Spekulationen, sektiererische Ekstasen oder entrückte Versenkungen gemeint sind, sondern schlicht das Einswerden der Seele mit Gott im Gebet und in der Begegnung mit anderen Menschen.

Ein Diktator tobt

Dag Hammarskjöld wird ein durchsetzungsfähiger, gewiefter Diplomat in brandgefährlicher Zeit: Koreakrieg, Suezkrise, paranoide Kommunistenjagd der McCarthy-Ära in den USA. Wegen »unamerikanischer Umtriebe« wird sogar Charlie Chaplin aus Hollywood vertrieben. Dag Hammarskjöld erteilt FBI- und CIA-Beamten Hausverbot in UNO-Gebäuden – ein unglaublicher Affront gegen »die Guten« im Kalten Krieg.

Doch auch der »böse Osten« spürt Widerstand. Als der sowjetische Staats- und Parteichef Nikita Chruschtschow am 13. September 1960 vor der UNO wütend mit seinem rechten Schuh auf das Rednerpult schlägt – jahrelang das Symbolbild für einen kommunistischen Rüpel –, ist Dag Hammarskjöld der Grund des Eklats: Chruschtschow hatte seinen sofortigen Rücktritt gefordert. Der Schwede hatte abgelehnt.

Ein ungeklärter Flugzeugabsturz

Ein Jahr später ist Dag Hammarskjöld tot. Auf dem Weg zu einem Treffen mit dem kongolesischen Rebellenführer Moïse Tshombé stürzt seine Maschine am 18. September 1961 bei Ndola im heutigen Sambia ab. Ob Unglück oder Attentat, ist bis heute nicht geklärt. Erst Mitte der 90er-Jahre entdeckt der Kapstädter Bischof Desmond Tutu in den Papieren des südafrikanischen Geheimdienstes Hinweise auf dessen Mitwirkung an einem Komplott.

»Die Menschheit muss den Krieg beenden oder der Krieg wird die Menschheit beenden«, sagt John F. Kennedy bei der Trauerfeier in der UNO. »Lassen Sie uns beschließen, dass Dag Hammarskjöld nicht vergeblich lebte und nicht vergeblich starb.«

Während in Afrika blutige Stellvertreterkriege wüteten – die DDR und die BRD unterstützten jeweils gegnerische Rebellentruppen mit Geld und Waffen –, förderte Dag Hammarskjöld die sogenannten blockfreien Staaten der Dritten Welt. Er hatte den »Urwalddoktor« Albert Schweitzer kennengelernt, den jüdischen Religionsphilosophen Martin Buber ins Schwedische übersetzt, er war mit Dirigent Leonard Bernstein befreundet – ein solch frommer Schöngeist und Menschenfreund stand am Vorabend der Kubakrise und des Vietnamkriegs beiden Weltmächten nur im Weg. Wenige Wochen nach seinem Tod wurde Dag Hammarskjöld posthum der Friedensnobelpreis verliehen.

Wenn es heute, mehr als ein halbes Jahrhundert später, einen Erfahrungs- und Erlebnishunger in der Spiritualität gibt, weil Menschen nicht mit Dogmen oder Lehrsätzen abgespeist werden wollen, sondern Gemeinschaft erleben möchten, über alle Sortier- und Isolierungsmechanismen der »Sozial«-Algorithmen hinweg – dann ist Dag Hammarskjöld ein Beispiel, dass diese Sehnsucht nicht zu weltabgewandter Innerlichkeit führen muss. Sie kann Triebfeder für ein konkret politisch engagiertes Leben sein.

Weltmeister der Niederlagen

David Livingstone, Entdecker

David Livingstone 1864. Fotografie von Thomas Annan.

Wenn sich Bungee-Springer von der Eisenbahnbrücke über dem Sambesi in die Tiefe stürzen und Safaritouristen an der Grenze von Simbabwe und Sambia die Viktoriafälle bewundern – dann fällt es ihnen kaum auf: das Denkmal des ersten Europäers, der diesen größten und schönsten Wasserfall Afrikas entdeckte. David Livingstone, Missionar und Forscher, Reiseschriftsteller und Gegner der Sklaverei.

Zu schüchtern zum Predigen

Sein Vater ist ein bettelarmer Hausierer in Schottland. Neil Livingstone wandert mit einem Bauchladen voll Teesorten und Haushaltswaren über die Dörfer, verteilt fromme Traktate und will seinem Sohn mit viel Prügeln das Interesse an Latein und Naturwissenschaften austreiben, weil »weltliches Wissen« dem Glauben schade. David, geboren am 19. März 1813, arbeitet als Teenager täglich 14 Stunden in einer Baumwollspinnerei, verdient sich das Theologie- und Medizinstudium in Glasgow, macht seinen Doktor, bewirbt sich bei einer Londoner Missionsgesellschaft – und steht bei seiner Probe-Predigt in einer Kirche in Essex minutenlang schweigend auf der Kanzel, bis er hervorstottert: »Ich, äh, habe alles vergessen. Sorry.«

Zu naiv für Südafrika

Als er 27 ist, wird er als Missionar nach Kapstadt entsandt. Auf der wochenlangen Seereise lernt er vom Kapitän Grundkenntnisse in Kartografie und Navigation. Mit dem Ochsenkarren in seinen drei Zieldörfern angekommen, lernt David sofort die Sprachen der einheimischen Tswana und Soto, anstatt von ihnen Englisch zu verlangen. Er achtet die Afrikaner, behandelt sie respektvoll, und das gefällt Mary Moffat, der Tochter eines Missionars.

1844 heiraten die beiden und bekommen in den Folgejahren drei Kinder. Als Arzt und Lehrer ist David Livingstone allseits geschätzt, als Missionar ist er erfolglos, als Menschenrechtler bei den Weißen verhasst. So verhasst, dass die Buren – Nachfahren holländischer Einwanderer – eine von David und Mary neu gegründete Missionsstation abfackeln.

Livingstone will weg. Zu »unerreichten Völkern« im Norden. 1849 durchquert er mit seiner Familie (!) die Kalahari-Wüste und entdeckt den Ngamisee in Botswana. 1851 steht er als erster Weißer am Ufer des Sambesi. Der Fluss mündet an der ostafrikanischen Küste in den Indischen Ozean. Livingstones Traum: Wenn der Sambesi von der Atlantik-Küste aus schiffbar wäre, wenn es eine Route von Angola nach Mosambik gäbe, dann würden alle Anrainer, weiße wie schwarze, davon profitieren. Der wachsende Wohlstand und die schnellere Verbreitung des Evangeliums von Jesus Christus könnte die allgegenwärtige Sklaverei beenden ...

Zu viele Enttäuschungen

Livingstone schickt Mary und die Kinder via Kapstadt nach England zurück. Er selbst paddelt im Kanu flussaufwärts, sein Tross mit Proviant und Zelten rumpelt auf Ochsenkarren am Ufer mit. Vom 11. November 1853 bis zum 31. Mai 1854, fast sieben Monate lang, kämpft sich der schottische Arzt und Prediger nach Westen, um dann aber festzustellen: Der Sambesi entspringt weiter nördlich. Die Quelle liegt im heutigen Dreiländereck von Kongo, Angola und Sambia. Zwischen der Atlantikküste mit der angolanischen Hafenstadt Luanda und einem schiffbaren Sambesi liegen tausende Meilen undurchdringlichen Dschungels. Also zurück Richtung Mündung an Afrikas Ostküste! Abgemagert und fieberkrank schippert der »verrückte Missionar«, wie man ihn nennt, wieder flussabwärts. Dabei berührt er auch den »Caprivi-Zipfel« im Dreiländereck von Namibia, Botswana und Sambia, der heute einige der spektakulärsten (und teuersten) Nationalparks Afrikas zu bieten hat. David Livingstone beschreibt über 30 neue Vogelarten, entdeckt Volksgruppen, die nie zuvor einem Weißen begegnet waren – und sieht im Dezember 1855 das, was er zu Ehren der englischen Königin »die Viktoriafälle« nennt. Damit jedoch ist klar: Es wird nie einen Schifffahrtsweg von West nach Ost geben.

Als Livingstone am 20. Mai 1856 das Städtchen Quelimane im heutigen Mosambik erreicht und von dort nach England zurückkehrt, sieht er Mary und die Kinder zum ersten Mal seit vier Jahren wieder …

Zu viel zugemutet

Sein Buch »Reisen eines Missionars« ist daheim ein Bestseller und verschafft ihm das Geld, auf einer zweiten großen Expedition vom Indischen Ozean aus den Malawi- und den Tanganjikasee zu kartografieren. Als Mary am 27. April 1862 an Malaria stirbt, schreibt Livingstone: »Es ist, als habe man mir das Herz herausgerissen.« Wenige Jahre später ermorden arabische Sklavenhändler drei britische Missionare aus seinem Team. Die Presse in der Heimat macht Livingstone dafür verantwortlich, weil er »die Afrikaner verhätschelt und die Sklaverei nicht diplomatisch toleriert«. In Njangwe im heutigen Südost-Kongo brennen die Menschenhändler 27 Dörfer ab, ermorden rund 400 Einwohner und nehmen mehr als 1000 gefangen. Livingstone flieht mit seinen Freunden Abdullah Sussi und James Chuma, die er aus der Sklaverei freikaufte, nach Ujiji am Tanganjikasee, kommt dort am 23. Oktober 1871 an – und liegt sterbenskrank darnieder. »Viermal habe ich, zwischen Tod und Leben schwebend, die Bibel durchgelesen.«

»Mr. Livingstone, wie ich vermute?«

Was er nicht ahnt: Seit dem Tod der drei Mitarbeiter gilt er in der westlichen Welt als verschollen, wenn nicht sogar längst tot (was übrigens auch seine Kinder in England glauben). Im Oktober 1869 hatte der US-Millionär James Gordon Bennett jr., Verleger des »New York Herald«, den Boulevardreporter Henry Morton Stanley beauftragt: »Finden Sie Livingstone. Geld spielt keine Rolle« (beide Sätze sind bis heute sprichwörtlich in den USA ...). Zwei Jahre lang ackert Stanley durch Wüsten und Wälder, Gebirge und Sümpfe Zentralafrikas, bis er am 10. November 1871 im Dorf Ujiji einen schwerkranken, zahnlosen alten Weißen entdeckt und fragt: »Mr. Livingstone, I presume?« Es ist die legendärste Frage der Mediengeschichte.

David Livingstone erholt sich noch einmal, will die Quellen des Nils finden, kommt aber nur bis nach Ilala am Südufer des Bangweulusees im heutigen Sambia, wo ihn Sussi und Chuma am 1. Mai 1873 tot in seiner Hütte finden: vor dem Bett kniend, beim Beten gestorben.

»Mein Herz bleibt in Afrika« hatte Livingstone oft gesagt, weshalb sie es ihm jetzt herausschneiden und unter einem Baum begraben. Seine einbalsamierte Leiche tragen sie zu Fuß mehrere Monate lang bis an die Ostküste.

Seit der feierlichen Beisetzung am 18. April 1874 in der Westminster Abbey in London steht auf dem Grabstein:

> *»Hergebracht von treuen Händen über Land und Meer ruht hier David Livingstone, der Missionar und Menschenfreund. Christus spricht: Ich habe noch andere Schafe, nicht aus diesem Stall, auch sie muss ich herbeiführen. Johannes 10, Vers 16.«*

Der die Patientenakten fälschte

Fritz von Bodelschwingh, Pflegeheimleiter

Fritz von Bodelschwingh auf einer deutschen Briefmarke von 1996.

Bethel bei Bielefeld ist heute eine der größten Diakonie-Einrichtungen Deutschlands. 1917 leben dort in 73 Kranken- und Wohnhäusern rund 2000 Patienten. »Schwachsinnige«, wie man damals sagt, Nervenkranke, Depressive, Epileptiker, Lungenleidende, betreuungsbedürftige Erwachsene, geistig behinderte Kinder. Daneben werden rund 4000 Wohnungslose betreut. »Unnütze Esser« heißen die im damals üblichen Sprachgebrauch. »Meine Brüder von der Landstraße« nennt sie Fritz von Bodelschwingh.

Angehörige machen Druck

Bodelschwingh junior ist der neue Chef des riesigen Sozialbetriebs und erst 32 Jahre jung. Arbeitslose und Alkoholiker bekommen bei ihm »eine warme Mahlzeit und eine biblische Andacht für eine Stunde Arbeit!«

Pfarrer Fritz, wie Ärzte und Pflegepersonal ihn nennen, ist der Sohn des gleichnamigen Gründers von Bethel und soll jetzt, im 50. Jubiläumsjahr der 1867 gegründeten Anstalt, zusätzlich noch mehrere Tausend verletzte Soldaten aus den Schlachten des Ersten Weltkriegs aufnehmen. Dafür müssen Betten frei gemacht und Pfleger abgestellt werden. Eine logistische Herkulesaufgabe. Die Kämpfe toben, die Lazarette sind überfüllt, den Befehlshabern und Sanitätern an der Front sind der Personalschlüssel und die Dienstpläne des Bielefelder Krankenhauses reichlich egal. Fritz von Bodelschwingh kriegt das alles bemerkenswert organisiert. Dankt ihm das jemand? Nein, die Angehörigen der »heldenhaft Kriegsverstümmelten« machen Stimmung gegen die »unnützen Esser«, weil die dort weiterhin versorgt werden. Wer verdient Vorzugsbehandlung, wer muss auf wen warten, wer für wen verzichten, wie wird die Ressource »Pflege« verteilt?

Menschenverachtung rechnet sich

1920 veröffentlichen der Psychiatrieprofessor Alfred Hoche aus Freiburg und der Jurist Karl Binding aus Leipzig ein Buch über die »Lebensverkürzung von Ballast-Existenzen und geistig Toten«. Ein junger Mann in München ist davon ganz begeistert und fordert, schätzungsweise 800.000 solcher »Existenzen« legal zu beseitigen. Jährlich rund eine Milliarde Mark für die Pflege von Schwachsinnigen und Epileptikern solle man doch lieber in die Rente von Kriegsversehrten investieren. Der Mann heißt Adolf Hitler. Die bürgerliche Mitte, darunter viele Christen, finden seine Argumente plausibel. Fritz von Bodelschwingh jedoch ist frühzeitig alarmiert:

> *»Welche Zerstörung der sittlichen Rechtsbegriffe, welcher Verlust des Bewusstseins von der Heiligkeit des Lebens! Wird eine Mutter ihr geisteskrankes Kind noch unserer Einrichtung anvertrauen, wenn sie nicht weiß, ob es auf die Todesliste gesetzt wird?! Jesus hat uns gesandt, den Armen frohe Botschaft zu verkünden, die Blinden sehend, die Lahmen gehend und die Tauben hörend zu machen, Lukas-Evangelium 7,22!«*

Nazis im eigenen Haus

13 Jahre später ist Adolf Hitler ganz demokratisch und von vielen wertkonservativ-deutschnationalen Bürgern gewählt worden. Nun Kanzler, setzt er den völkisch gesinnten Pfarrer Ludwig Müller als »Reichsbischof« ein – und der verhöhnt seinen zartbesaiteten Amtsbruder in Bethel mit den Worten »Bodelschwingh ist ein Bischof für Diakonissen, aber doch nicht für Männer!« Als sich die hitlerhörigen »Deutschen Christen« im November 1933 im Berliner Sportpalast treffen, empfiehlt Gau-Obmann Krause »einen grundsätzlichen Verzicht auf die ganze Minderwertigkeits-Theologie des Rabbiners Paulus. Das Alte Testament ist ein Buch von Viehjuden!« Fritz von Bodelschwingh ist schockiert und sucht Rat und Nähe bei Kollegen wie Martin Niemöller und Dietrich Bonhoeffer.

1934 tritt das »Gesetz zur Verhütung erbkranken Nachwuchses« in Kraft. Gehörlose, erblich Blinde, körperlich Missgebildete, Epilepsie- und Nervenkranke müssen sich zwangssterilisieren lassen. 43 Prozent der deutschen Ärzte sind NSDAP-Mitglieder, sieben Prozent von ihnen tragen die Uniform der SS.

Auch im frommen Bethel sind einige Ärzte und Diakone überzeugte SS-Männer. Klinikchef Bodelschwingh kann nicht verhindern, dass in seinen Häusern 1.093 Zwangssterilisationen durchgeführt werden.

Die Meldebögen der Todesengel

Als Hitler 1939 die »Aktion Gnadentod« befiehlt, soll außer Behinderten auch »allerlei arbeitsscheues Gesindel« ermordet werden. Alkoholkranke, Depressive, Nichtsesshafte. Den Angehörigen wird als Todesursache Hirnschwellung, Blinddarm- oder Lungenentzündung genannt und mitgeteilt, dass der Verstorbene wegen Seuchengefahr leider sofort eingeäschert werden musste. Erst da beginnt Fritz von Bodelschwingh, die Patientenakten umzuschreiben. So umzuschreiben, dass gefährdete Patienten kurzfristig nach Hause entlassen, in entfernte Reha-Kliniken oder Altersheime verlegt werden können oder schlichtweg nicht persönlich begutachtet werden müssen, wenn die Todesengel kommen: von der NSDAP-Kreisleitung geschickte »Gutachter«, die zusammen mit dem Pflegepersonal Meldebögen über Patienten ausfüllen und innerhalb von zehn Minuten ein Häkchen bei Leben oder Tod setzen.

Fritz von Bodelschwingh in Bethel weigert sich, auch nur einen einzigen Meldebogen auszufüllen. Die Gestapo weiß, dass sie den beliebten Pfarrer, der früher so viele Kriegsverletzte gepflegt hat, nicht verhaften kann, ohne massenhaft Proteste auszulösen. Da fallen in der Nacht vom 18. zum 19. November 1940 acht Fliegerbomben auf die Kliniken bei Bielefeld. Zwölf epileptische Kinder und eine Kinderkrankenschwester werden getötet. Spätere Nachforschungen bei der britischen Royal Air Force ergeben, dass in dieser Nacht keine ihrer Maschinen in der Luft war und das Dorf Bethel nie als strategisches Ziel galt …

Ein halber Sieg

Bodelschwingh schreibt händeringend Briefe an Regierungsmitglieder, bittet um Audienz bei Reichsmarschall Hermann Göring. Vergeblich. Zusammen mit dem berühmten Chirurgen Ferdinand Sauerbruch besucht er den Reichsjustizminister Franz Gürtner in dessen Privatwohnung – und tatsächlich: Als am 19. Februar 1941 die gefürchtete Kommission aus 22 Ärzten mit dem »Verkarten der Patienten« in Bethel beginnt, kommt sie zu dem Ergebnis, dass »fürs erste niemand« unter die befohlenen Maßnahmen fällt. Bodelschwinghs geschönte Patientenakten und seine vorsorgliche Verlegung vieler Behinderter in andere Häuser haben Erfolg. Erst nach 1945 erfährt er, dass 82 andernorts versteckte Patienten doch noch in die Konzentrationslager abtransportiert wurden.

Da ist Fritz von Bodelschwingh aber bereits schwerkrank. »Fritz ist so erschöpft, halb tot vor Müdigkeit und heiser, dass ihn bei Tisch selbst das vertrauteste Gesicht ängstigt«, schreibt seine Frau Julia in ihr Tagebuch. Fritz von Bodelschwingh stirbt am 4. Januar 1946.

Die 22 Euthanasie-Ärzte, die sich in Bethel um die Ermordung der »Ballast-Existenzen« bemüht hatten, wurden in den 50er- und 60er-Jahren der »neuen« Bundesrepublik Universitätsprofessoren, Klinik-Chefs und Medizinalräte …

Der fromm und doof zum Segen wurde

Jean-Marie Vianney, Pfarrer von Ars

»Der erleuchtete Idiot« – so wird er in einem der wichtigsten Heiligenlexika der katholischen Kirche genannt. »Eifernder Dummkopf«, »blökendes Schaf«, »grenzdebiler Alptraum seiner Lehrer« – über Pfarrer Vianney findet man in der Literatur entweder bissige Verachtung oder salbungsvolle Verehrung. Der verärgerte Ausruf »Heilige Einfalt!« soll auf die Bewohner des Dörfchens Ars-sur-Formans zurückgehen, nördlich von Lyon gelegen, wo er ab 1818 bis zu seinem Tode 1859 Priester war. Warum wurde er dann weltberühmt als »der Pfarrer von Ars«? Warum strömten jahrzehntelang Zigtausende zu ihm in die Kirche?

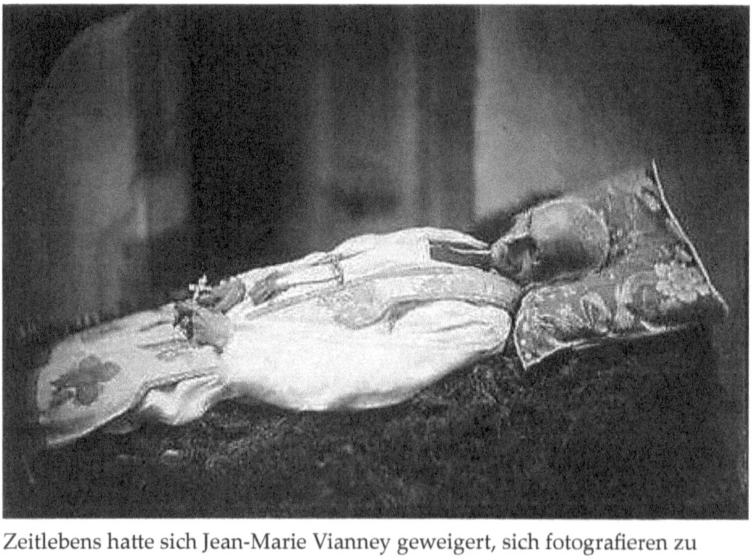

Zeitlebens hatte sich Jean-Marie Vianney geweigert, sich fotografieren zu lassen. So entstand das einzige Foto von ihm auf dem Sterbebett, aufgenommen am 4. August 1859 von Camille Dolard.

Der Deserteur

Geboren 1786, geht Jean-Marie nur so lange zur Schule, bis er lesen und schreiben kann. Er ist »Cowboy« im Wortsinn: Hütejunge für die Kühe seiner Bauernfamilie. Allein in der Natur, unbedarft, aber frohgemut: »Als Kind kannte ich nichts Böses.« Dass unter Napoleon die Kirchenglocken verstummen und seine Eltern heimlich zur Sonntagsmesse gehen müssen, prägt seine Abneigung gegen alles »Weltliche« und bestärkt seinen Wunsch nach Abgeschiedenheit. Blöd nur: Er wird zum Militär eingezogen. Die Grobheiten und Besäufnisse der Kameraden ekeln ihn an. Jean-Marie begeht Fahnenflucht und versteckt sich zwei Jahre lang unter falschem Namen in einem Stall in den Cevennen. Kommen Polizisten vorbei, kriecht er in den Heuschober. Als sein jüngerer Bruder sich der Armee als Stellvertreter anbietet und rekrutiert wird, streicht die Militärverwaltung Jean-Marie von der Liste. Jetzt kann er sich im Priesterseminar anmelden, aber: Latein, die Sprache der Kirche, will ihm partout nicht in den Kopf. Er geht lieber Holz schlagen, erntet Gemüse, gräbt den Garten um, hilft in der Küche, in Haus und Hof. Als er durchs Examen rasselt, wirft man ihn raus – und sein Herzenswunsch, Priester zu werden, ist perdu.

Seminardirektor Charles Balley in Écully überzeugt den Lyoner Generalvikar, ihn trotzdem zum Priester zu weihen. »Wegen seiner glühenden Retterliebe für verlorene Seelen und seiner kindlichen Frömmigkeit.« »Nun gut, dann hoffen wir mal, dass Gottes Gnade das Übrige tut«, antwortet der Kirchenfürst.

Der Moralist und Seelsorger

Jean-Marie Vianney wird Pfarrer in Ars-sur-Formans. 240 Einwohner, vier Kneipen. Viele Verarmte, viele Alkoholiker, noch mehr uneheliche Kinder. Weil er Tanzen für »die parfümierte

Sünde« hält, zahlt er aus eigener Tasche den Tanzmusikern ihre Gage, wenn sie *nicht* spielen. Anfänglich spendet er nur seine Lebensmittel an Bedürftige und »übernimmt ein paar ihrer Hungertage«. Später verschenkt er auch Kleidung und Gebrauchsgegenstände an die Zerlumpten. Bis er selbst aussieht wie ein Clochard. Neun Jahre lang lacht sich das Dorf kaputt über den Pfarrer, der auf der Kanzel den Faden verliert, der sich nichts gönnt und allen Genießern Moralpredigten hält. Aber: Langsam spricht sich rum, wie erleichtert, wie getröstet, wie ermutigt und gut beraten viele Menschen aus den Gesprächen mit ihm zurückkommen. Jean-Marie Vianney kann zuhören.

Der Spott weicht dem Respekt. Die Atmosphäre verändert sich. Der Umgang zwischen Männern und Frauen, Bauern und Knechten, Wohlhabenden und armen Schluckern wird humaner. »Ars ist nicht mehr Ars«, sagen Besucher irritiert. Ab 1827 strömen so viele Pilger nach Ars, dass die Postkutsche von Lyon mehrmals täglich fahren muss.

> *»Infolge des enormen Zustroms saß er schließlich 16 bis 18 Stunden täglich mit kalten Gliedern im lichtlosen Beichtstuhl, um all das schmutzige Elend der Menschen über sich ergehen zu lassen. Vianney besaß die Gabe, ohne lange Erklärungen sofort zu fühlen, welche innere Not sie quälte. Für die verwickeltsten Gewissensfälle gab er Ratschläge, die von einem völligen Verständnis der jeweiligen Situation getragen waren. Als könne er die Gedanken ihrer Seelen lesen!« (Erna und Hans Melchers)*

Einmal bemerkt eine Frau um Beichtstuhl, dass Jean-Marie leise schluchzt. Sie fragt, ob er das Gespräch abbrechen möchte. »Nein, erzählen Sie weiter. Ich weine nur, weil Sie nicht weinen«, sagt der Pfarrer.

Der Spinnerte

Schnappt er irgendwann über? Jean-Marie Vianney redet vom Teufel wie von einem alten Bekannten. Er gibt ihm den Spitznamen »Grappin«. Nachts habe Monsieur Grappin an die Tür gehämmert, morgens seien die Gardinen mit Kot beschmiert gewesen, Möbel würden sich selbständig bewegen, und einmal habe eine »Hand über sein Gesicht gestrichen«, seien »Ratten über den schlafenden Körper gelaufen«.

In den Nachbarpfarreien erklärt man sich das mit überreizten Nerven und allgemeiner Verschrobenheit. Dreimal ab 1840 läuft Vianney einfach davon. In den Wald, ins Haus seiner Eltern, in ein Kapuzinerkloster in Lyon – jedes Mal bitten ihn die Bürger von Ars, zurückzukommen. Flucht sei eine Versuchung, der er nicht widerstehen konnte, bereut Jean-Marie die Kurzschlusshandlungen. Denn: »Es gibt nichts Unglücklicheres auf der Welt als einen Seelsorger. Der täglich hundertfach mit anhören muss, wie Gottes große Liebe missachtet und beleidigt wird.«

Am 4. August 1859 stirbt Vianney mit 73 Jahren an Auszehrung. Zu seiner Beerdigung wenig später erscheinen rund 90.000 Trauernde.

Der Geehrte

Dass man seine Leiche einbalsamiert und gülden eingerahmt in der örtlichen Basilika betrachten kann, dass Papst Pius XI. ihn 1925 heiligsprach und zum »Schutzpatron aller Pfarrer« erklärte, dass der deutsche Papst Benedikt XVI. zum 150. Todestag von Abbé Vianney 2009 ein »Priesterjahr« ausrief – all das mag für Nichtkatholiken irrelevant oder befremdlich sein. Den Pfarrer von Ars aber aus heutiger Sicht kopfschüttelnd als »armen Irren« oder frommen Neurotiker zu belächeln, geht aus zwei Gründen nicht. Jesus selbst sagt über das Geheimnis des Glaubens: »Ich preise dich, Vater im Himmel, dass du dies den Weisen und Klugen verborgen, aber den Unmündigen offenbart hast« (Matthäus 11,25), und Paulus sagt von sich: »Wenn ich schwach bin, dann bin ich stark« (2 Korinther 12,10).

Der Historiker Thomas Kaufmann sagt über Menschen, die zu Lebzeiten gescheitert schienen, posthum aber große Wirkung erzielen: »Auch Verstorbene haben ein Recht darauf, dass wir sie verstehen wollen.«

Der militant gewaltlos blieb

Martin Luther King, Bürgerrechtsaktivist

Martin Luther King 1964.

»Gib dir diesmal Mühe, wenn du ›Precious Lord, take my hand‹ spielst!«, witzelt er vom Hotelbalkon herunter zu seinem Pianisten auf dem Parkplatz. Da fällt ein Schuss. Dr. Martin Luther King stürzt getroffen zu Boden im Lorraine Hotel in Memphis (Tennessee). Es ist der 4. April 1968.

Ein ungeklärter Mord

Während der 39-jährige Baptistenpastor, Bürgerrechtsaktivist und Friedensnobelpreisträger im Krankenhaus seiner Schussverletzung erliegt, findet die Polizei ein Gewehr mit Fingerabdrücken, eine Patronenhülse, eine Reisetasche und ein Fernglas. Nach abenteuerlicher Verfolgungsjagd um die Welt wird Profi-Killer James Earl Ray am 8. Juni 1968 auf dem Flughafen London-Heathrow verhaftet und im März 1969 in einem Eilverfahren mit nur fünf Zeugen zu 99 Jahren Gefängnis verurteilt. Der Todesstrafe entgeht er durch sein Geständnis, allein gehandelt zu haben. Als er dies widerruft und 1998 eine Wiederaufnahme seines Verfahrens durchsetzt, stirbt James Earl Ray am 23. April 1998 an einem Nierenversagen infolge von Hepatitis C. Eine parlamentarische Untersuchungskommission kommt im Jahr 2000 zu dem Ergebnis, weder das FBI noch die CIA hätten den Mord an King in Auftrag gegeben.

Berufung an der Bushaltestelle

Martin Luther King ist 26 Jahre alt, frischverheiratet, soeben Vater einer Tochter geworden und erst seit kurzem Pastor seiner Gemeinde in Montgomery (Alabama), als er 1955 vom Fenster aus die immer gleiche Szene beobachtet: Afroamerikaner zahlen vorn beim Busfahrer, müssen dann wieder raus und hinten einsteigen in die – meist überfüllten – Plätze für »Negroes«. Zwischendurch braust mancher Busfahrer auch gern mal davon. Ein Spiel zur Demütigung der Schwarzen. Als Mrs. Rosa Parks auf einem der »weißen« Plätze sitzt, trotz Aufforderung nicht aufsteht und daraufhin verhaftet wird, organisiert King einen Bus-Streik: Rund 50.000 Afroamerikaner gehen 381 Tage lang (!) zu Fuß zur Arbeit und treiben die Verkehrsbetriebe an den Rand des Ruins. 1957 wird die Rassentrennung in Bussen, Restaurants und Behörden gesetzlich aufgehoben. Ein Kundenboykott war der Anfang vom Ende der Apartheid in den USA.

Das Wunder von Birmingham

Schwieriger ist es, für rassenintegrierte Grundschulen zu demonstrieren. King entwickelt in seinen Predigten eine Strategie der »militanten Gewaltlosigkeit« und verpflichtet seine Mitstreiter, »jeden Tag über die Lehren und das Leben Jesu nachzudenken; im Geist der Liebe die Regeln der Höflichkeit einzuhalten; nicht den Sieg, sondern die Versöhnung und Gerechtigkeit anzustreben; sich der Gewalt der Faust, der Zunge und des Herzens zu enthalten.« In Gemeindehäusern übt er mit den Demonstranten, nicht zu schimpfen oder zurückzuschlagen: Man zerdeppert einander rohe Eier auf der Stirn und trainiert das Schweigen.

Von Karfreitag bis Ostern 1963 werden in Birmingham (Alabama) rund 300 Afroamerikaner von Wasserwerfern und Schlagstöcken verletzt. Am 2. Mai müssen 959 Frauen, Teenager und Kinder ins Gefängnis. Am 5. Mai knien die Demonstrierenden schweigend und betend auf der Straße nieder. Da passiert, was als »Wunder von Birmingham« in die Geschichte eingeht: Gegen den Einsatzbefehl von Polizeichef »Bull« Connor weigern sich die Polizisten, loszuschlagen. Ein Befehlsboykott von Beamten war der Anfang vom Ende bürgerkriegsähnlicher Tumulte in den USA.

Ein Traum ist keine Illusion

Als am 28. August 1963 in Washington rund 250.000 Demonstranten die konkrete Umsetzung gleicher Rechte für Nichtweiße fordern und in brütender Hitze viele lange Reden und Lieder – unter anderem von Bob Dylan, Joan Baez und Mahalia Jackson – gehört haben, streben Tausende bereits zu ihren Bussen. Martin Luther King ist der letzte Redner. Plötzlich löst er sich vom Manuskript und ruft: »I have a dream!«

> *»Ich habe den Traum, dass wir aus den Bergen des Misstrauens Steine der Hoffnung brechen und die Missklänge des Hasses in eine harmonische Symphonie verwandeln. Es ströme das Recht wie Wasser und Friede wie ein sprudelnder Bach«, zitiert er den biblischen Propheten Amos.*

Es wird seine berühmteste Rede. Sie macht den Unterschied klar zwischen einem frommen Wunsch und einer konkreten politischen Vision. Der Gewaltboykott eines Terror-Opfers war der Anfang vom Ende der staatlichen Legitimation für Rassismus.

Todesahnungen?

Seit King im Dezember 1964 den Friedensnobelpreis bekommen hat, ist er das Ziel von Messer- und Bombenangriffen, Morddrohungen und gezielten Fake News. Am 4. Februar 1968, exakt acht Wochen vor seinem Tod, sagt er während einer Predigt in Atlanta unvermittelt:

> »*Erwähnt bei meiner Beerdigung nicht den Doktortitel oder den Friedensnobelpreis. Sagt einfach: Martin Luther King hat versucht, zu dienen und zu lieben. Hungrige speisen, Beschämte bekleiden und Gefangene besuchen, wie Jesus uns ermahnt, das wollte er. Sagt einfach: Er liebte die Menschlichkeit und diente ihr.*«

24 Stunden vor seinem Tod, am 3. April 1968, sagt er in Memphis:

> »*Wie jeder andere würde ich gern lange leben. … Aber darum bin ich jetzt nicht besorgt. Ich möchte nur Gottes Willen tun. Er hat mir erlaubt, auf den Berg zu steigen. Und ich habe hinübergesehen. Ich habe das Gelobte Land gesehen. Vielleicht gelange ich nicht dorthin mit euch. Aber ihr sollt heute Abend wissen, dass wir, als ein Volk, in das Gelobte Land gelangen werden.*«

Aber …

Die Nachricht von seiner Ermordung lässt gewalttätige Ausschreitungen in den Schwarzenvierteln der Millionenstädte wieder aufflammen. Als Bestürzung und Trauer verebbt sind, kritisieren ihn all jene, die ihm seine Predigt in der Riverside Church in New York nicht verziehen haben: seinen Protest gegen den Vietnamkrieg, seine Solidarität mit den Wehrdienstverweigerern, seine linke Kritik am ungezügelten Kapitalismus. Außerdem kam es wegen der Uneinigkeit der Gewerkschaften, Verbände und Kirchen nicht zu jenem »Marsch der Armen«, von dem King immer geträumt hatte: Ähnlich wie im August 1963 sollten spätestens 1973 alle Benachteiligten der US-Gesellschaft – die Schwarzen, die Latinos, die Niedriglöhner, die Arbeits- und Wohnungslosen – nach Washington kommen und eine andere Sozialpolitik fordern.

Dass es mehr als 50 Jahre nach dem Tod Martin Luther Kings noch immer Polizeigewalt gegen Schwarze gibt und eine »Black-Lives-Matter«-Bewegung nötig ist, lässt sein geradezu ikonografisches Bild in der Geschichte umso heller strahlen.

Der tausende Kinder versteckte

André Trocmé, Widerstandspfarrer

Den Polizisten war die Verhaftung peinlich. Ständig kamen Leute herein, umarmten André kurz und stellten kleine Geschenke auf den Tisch.

> *»›Darf ich meinen Mann noch ein Stück begleiten?‹, fragte Magda. ›Aber nur bis zum Dorfausgang!‹, sagte der Gendarm. Als sie vor die Tür ins Dunkel traten, war die Straße beidseitig von Menschen gesäumt! Sie begannen zu singen: ›C'est un rempart que notre Dieu – ein feste Burg ist unser Gott‹.« (Hanna Schott)*

André Trocmé auf einer Aufnahme von 1938.

André Trocmés Abtransport ins Gefangenenlager begann wie ein Triumphzug.

Zwei Tragödien in der Familie

Seine Mutter, eine Deutsche, liegt tot auf der Landstraße, als der zehnjährige André, geboren 1901, unverletzt aus dem Autowrack klettert. Das Kindheitsidyll einer großbürgerlich wohlhabenden Unternehmerfamilie zerbricht ein zweites Mal, als 1916 – im Ersten Weltkrieg – drei seiner Brüder auf französischer Seite und zwei seiner Cousins auf deutscher Seite gegeneinander kämpfen.

Durch seine Heimatstadt St Quentin in Nordfrankreich zieht der Tross der Kriegsinvaliden. Für André ein Schlüsselerlebnis:

> *»Als der deutsche Verwundete näherkam, bemerkte ich entsetzt, dass ihm der Unterkiefer fehlte. Der untere Teil seines Gesichts war ein Knäuel Verbandszeug, dunkel gefärbt von geronnenem Blut. Eins war klar: Ich konnte diesen Elenden nicht hassen.«*

Wohin mit dem naiven Friedensfritzen?

André Trocmé wird überzeugter Pazifist, studiert Theologie in Paris und New York, heiratet die quirlige italienische Adelstochter Magda Grilli di Cortona aus Florenz. Als Deutschfranzose und deshalb als unpatriotisch beargwöhnt, wird er 1934 von seiner Kirchenleitung in ein Kaff abgeschoben: nach Le Chambon-sur-Lignon, 1000 Meter hoch auf dem Plateau der Cevennen. Eine Ansammlung von Einödhöfen, die »neun Monate lang Winter und drei Monate Plackerei haben«. Aber: Le Chambon ist ein Luftkurort für Kinder aus umliegenden Städten. Ihre Gastgeber sind allesamt Hugenotten. Evangelisch-reformierte Nachfahren von Glaubensverfolgten also, an deren Dickschädeln schon manche staatliche Verordnung abgeprallt war. Als Magda Trocmé 1938 eine private Schule eröffnet, kommen bereits etliche Kinder jüdischer Flüchtlinge aus Deutschland zum Unterricht.

Bibelfest für Humanität

14. Juni 1940: Die Deutschen besetzen Frankreich, gewähren dem Süden eine gewisse Selbständigkeit unter der (Marionetten-)Regierung in Vichy, verlangen aber die Auslieferung aller Juden. Wofür Bahnchef Fournier von der SNCF sofort den Fahrplan än-

dert und genügend Deportationszüge in die deutschen KZs zur Verfügung stellt.

Pfarrer André Trocmé kennt seine bibelfesten »Chambonais«: Er schickt 13 ehrenamtliche Verantwortliche zu Gebets- und Bibelstunden in die Bauernhöfe mit der Frage: Sollen wir eine Zuflucht, eine »Asylstadt« werden wie im alten Israel, 4. Mose 35? Wollen wir eine »Stadt auf dem Berge« sein, wie Jesus uns in Matthäus 5,14 nennt? Ist es Christus selbst, der an unsere Tür klopft (Matthäus 25,37–40)?

Die konservativsten Reformierten machen sofort mit. »›Du sollst nicht falsch Zeugnis reden wider deinen Nächsten‹, heißt es in den Zehn Geboten. Aber falsch Zeugnis geben *für* deinen Nächsten ist erlaubt«, finden sie. Also werden Kinder, Frauen, ganze Familien auf den Gehöften versteckt und eifrig Pässe und Lebensmittelkarten gefälscht. Hugenotten gaben ihren Kindern immer schon gern biblische Vornamen wie Jakob, Lea, Eli, Benjamin, Esther. Wenn jetzt die jüdischen Kinder auch so heißen – wer kann schon sagen, ob es nicht die eigenen sind? »Wir haben drei Alte Testamente im Regal« war zum Beispiel der Code für »drei jüdische Gastkinder«. Ein Bauer versteckte gefälschte Pässe im Bienenstock, ein anderer deponierte sie im Grab seiner Mutter. Nun sind Beamte in den Behörden ja nicht blöd. Aber manche sind halt auch fromme Hugenotten. Und eben typische Chambonais aus den Cevennen. Leute, die ein Auge zudrücken können.

Held wider Willen

André notiert in seinem Tagebuch:

> *»Wir sind 2000 Bauern, 700 Dorfbewohner, 500 Zugezogene, 500 Flüchtlinge, 15 Leiter von Kinderheimen. Am Sonntag bin ich auf der Kanzel vor Erschöpfung in Ohnmacht gefallen. Dazu meine Bandscheibenprobleme, Nervenschmerzen in Bauch und*

Beinen, unser Esszimmer ist ein Wartesaal von 15 Leuten jeden Tag; was wird in diesem Strudel aus unserer Familie?«

Bis zum Mai 1945 haben André und Magda Trocmé samt ihrem Dorf Le Chambon rund 5000 Juden aus ganz Europa das Leben gerettet. Die bewaffneten Untergrundkämpfer des Widerstands rächen sich jetzt an den Nazi-Kollaborateuren. Wieder sitzen der »boche«, »der Deutsche« André Trocmé und seine Frau Magda als Friedensvermittler zwischen allen politischen Stühlen. 1960 gehen sie als Pfarrer-und-Lehrerin-Ehepaar nach Genf.

Am 5. Juni 1971 stirbt André an einer Lungenembolie.

Im Mai 1981 bekommt Magda Trocmé die Ehrendoktorwürde des Haverford College (Pennsylvania) verliehen, zusammen mit einer schwarzen Frau namens Rosa Parks. Die war 1955 in einem Stadtbus in Montgomery (Alabama) nicht aufgestanden …

Lachnummer mit Langzeitwirkung

Albrecht Ludwig Berblinger, Schneider

Wie viele Freizeitsportler auf der Welt gibt es, die mit einem Gleitschirm den Hang eines Felsvorsprungs hinunterlaufen und dann – »paragliden«, »flugdrachensegeln«, »schweben«, kurz: die erleben, wovon die Menschheit seit Leonardo da Vinci träumt: fliegen zu können?! Zigtausende bestimmt. Der, dem sie ihr Vergnügen verdanken, ist der Prototyp des tragischen Helden: Albrecht Ludwig Berblinger.

Erfindergeist aus Papas Rumpelkammer

Was denken Zehnjährige im Geräteschuppen oder Hobbykeller ihres Vaters? »Was könnte man damit alles machen!«

Albrecht Ludwig, geboren 1770, denkt das auch. Sein Vater verwaltet das Zeughaus der Stadt Ulm, nimmt den Jungen öfter mit – und der träumt davon, Uhrmacher zu werden. Albrecht ist 13, als sein Vater stirbt. Weil Mutter Berblinger als Witwe nicht alle sieben Kinder ernähren kann, kommt er ins städtische Waisenhaus. Man zwingt ihn, eine Schneiderlehre zu machen. Albrecht Ludwig ist evangelisch getauft und bezweifelt, dass dies Gottes Berufung für sein Leben sei. Statt mit Nadel und Faden tüftelt er nämlich lieber mit Schrauben und Schnallen, baut Kinderwagen und Schlitten.

1805 gewinnen Napoleons Truppen die Schlacht bei Elchingen in der Nähe von Ulm gegen das Heer Österreichs. Notamputationen finden auf offener Straße statt, Invalide humpeln bettelnd herum – da konstruiert Albrecht Ludwig 1808 die erste Beinprothese mit Gelenken. »Fußmaschine« nennt er die. Berühmte Chirurgen nehmen ihn ernst, aber die Zunftleute der

»Meister Berblinger's Flugversuch über die Donau zu Ulm 1811«. Postkarte von 1908.

Schneiderinnung von Ulm drohen ihm Strafen an, wenn er weiterhin solche »handwerksfremden« Tätigkeiten ausübt.

Größtmögliche Peinlichkeit vor aller Augen

Nachts beobachtet Albrecht Ludwig den Gleitflug der Eulen. Er bastelt jahrelang an einem »Fluggerät«, probiert es heimlich vom Südhang des Ulmer Michelsberges aus – und segelt tatsächlich einige Dutzend Meter sicher über Gärten und Weinberghäuschen hinweg!

Für den 4. Juni 1811 kündigt er einen Absprung vom Ulmer Münster an. Wahnsinn? Nein, in rund 100 Metern Höhe herrscht die beste Thermik, weiß Berblinger. Die Ratsherren aber erwarten den Antrittsbesuch des württembergischen Königs Friedrich und schlagen für den Absprung die nur 13 Meter hohe Mauer der Adlerbastei am Ufer der Donau vor.

Berblinger ist nicht begeistert, stellt aber dort ein Gerüst auf, um wenigstens auf 20 Meter zu kommen. Der König reist schon am 30. Mai wieder ab, sein Bruder Herzog Heinrich und Prinz Wilhelm bleiben nur noch einen Tag – die Stadtväter drängen. Am 31. Mai stellt sich Albrecht Ludwig um 16.00 Uhr aufs Gerüst und spürt statt Frontwind von Süden – der ihm Auftrieb geben würde – Fallwinde über dem kalten Wasser der Donau. Eine Stunde lang zögert er. Das Publikum johlt ungeduldig. Plötzlich gibt ihm ein Polizist von hinten einen Schubs – keine Zeit, die

Tragflächen über seinen Armen in den richtigen Anstellwinkel zu bringen – und Berblinger stürzt wie ein Stein in die Donau, wo ihn bereitwillige Fischer ins Boot hieven.

»D'r Schneider von Ulm hat's Fliega probiert, da hat ihn der Deifel in d' Donau nei g'führt«: viele Generationen lang ein volkstümliches Spottlied.

Zu späte Ehrungen

Bei einem tragikomischen Totalversager schicke Textilien zu kaufen, ist uncool geworden in Ulm. Berblingers Schneiderei geht bankrott. Bürokraten finden heraus, dass das Gestänge seines Flugapparats aus Bambus war, also illegal importiert wurde, und lassen es nachträglich verbrennen. Albrecht Ludwig Berblinger stirbt 1829, mit 58 Jahren, alkoholkrank und völlig verarmt an Auszehrung.

Dass man 2020 an der Adlerbastei einen kunstvoll gestalteten Aussichtsturm »Berblingerturm« nannte; dass ein Nachbau seines Flugapparats im Ulmer Rathaus hängt, dass die rund 40.000 Mitglieder des »Deutschen Hängegleiterverbands« ihn ehren und die »Deutsche Gesellschaft für Luft- und Raumfahrtmedizin« ihren jährlichen Wissenschaftspreis »Berblinger-Preis« nennt – immerhin mit 10.000 Euro von der Lufthansa gesponsert –, das kann über die Tragik dieses begabten und mutigen Mannes nicht wirklich hinwegtrösten. Nicht mal die Erkenntnis moderner Drachenflieger.

Zum 175. Jahrestag seines Flugversuchs, am 31. Mai 1986, probierten 30 routinierte Paraglider, von der gleichen Stelle aus über die Donau zu gleiten. Nur einer schaffte es. Vom Südhang eines nahegelegenen Berges aus, etwa so hoch wie das Ulmer Münster, schafften es alle. Sogar mit dem Nachbau des Berblinger-Originals. Ein Motordrachenflieger bestätigt: »Der Mann hatte recht mit seinen Berechnungen. Er wäre geflogen.«

Dem der Kragen platzte auf der Kanzel

Julius von Jan. Predigt für einen Freund

Julius van Jan.

Pfarrer, die ihr ganzes Berufsleben lang an 52 Sonntagen pro Jahr predigen, halten mehr als 2000 Ansprachen. Plus Trauungen und Beerdigungen, Geburtstags-Tischreden und Jubiläumsworten sicher 4000.

Wenn sich eine Gemeinde, ein Dorf, eine Region fast 100 Jahre lang an eine einzelne davon erinnert, muss man fragen: Warum? Und wer war's? Es war Julius von Jan und seine »Bußtagspredigt« vom 16. November 1938.

Bittere Enttäuschung wird wegweisendes Erlebnis

Ganz klar: Julius, der Musterschüler, meldet sich freiwillig zum Militär! Das vierte von sieben Pfarrerskindern ist 1914 zwar erst 17 Jahre jung, hat aber erstklassige Zeugnisse der Klosterschulen Maulbronn und Blaubeuren dabei – und er ist fest davon überzeugt, dass sich das deutsche Kaiserreich gegen seine Feinde verteidigen müsse. »Gott mit uns«, steht auf der Gürtelschnalle seiner Uniform. »Jeder Stoß ein Franzos', jeder Tritt ein Brit'«, skandieren die Leute auf der Straße. Dann erlebt Julius, der Patriot, die sinnlosen Massaker des Ersten Weltkriegs, wird schwer verwundet und begegnet in britischer Gefangenschaft frommen

Engländern. Die verwandeln seine tiefe Enttäuschung über den Zusammenbruch der wilhelminischen Monarchie in ein »gesegnetes Erweckungserlebnis«, wie er später sagt.

Zurück in der schwäbischen Heimat, studiert Julius evangelische Theologie in Tübingen, heiratet 1927 Martha Munz, wird Vater zweier Kinder – und kommt 1935 als Pfarrer ins Dörfchen Oberlenningen bei Kirchheim/Teck. Die Tochter seines Vorgängers im Amt hat im Nachbarort den Landarzt Dr. Karl-Ernst Baer geheiratet. Die beiden haben ebenfalls zwei Kinder, die jungen Familien werden Freunde. Man entdeckt einander: Karl-Ernst Baer ist ein christusgläubiger Jude, Julius von Jan eher ein konservativer Pietist.

Aus Mobbing wird Terror

Schon 1933 hatten die Behörden Dr. Baers Praxisräume gekündigt, um sie später mit einem »arischen« Arzt zu besetzen. Jetzt, 1935, entzieht man ihm die Kassenzulassung. Den Leuten ist das egal, sie gehen weiterhin zu ihrem beliebten und bewährten Landarzt, dann eben ins Privathaus.

Am 9. November 1938 brennen die Synagogen und jüdischen Geschäfte im Land, am 10. November überfallen Nazis die Familie Baer, schlagen Karl-Ernst zusammen, foltern ihn im Gefängnis Bad Urach und schicken ihn ins KZ Dachau. Das Oberlenninger Rathaus, die Polizei und das Landratsamt hatten vom Innenministerium den Befehl erhalten, keine Notrufe entgegenzunehmen. Die Versuche der beiden Frauen, Hilfe zu holen, laufen ins Leere. Margarethe Baer und Martha von Jan sind verzweifelt. Am 16. November 1938 – der »Buß- und Bettag« ist damals noch ein kirchlicher Feiertag – steht Pfarrer Julius von Jan auf der Kanzel und predigt über den Propheten Jeremia.

Aus Protest wird Predigt

> *»Wo ist der Mann, der im Namen Gottes ruft, wie Jeremia gerufen hat? Der ruft: Haltet Recht und Gerechtigkeit, errettet den Beraubten von des Frevlers Hand, schindet nicht die Fremdlinge, Waisen und Witwen, tut niemand Gewalt an und vergießt nicht unschuldig Blut! Gott hat uns solche Männer gesandt, aber sie sind heute entweder in Konzentrationslagern oder mundtot gemacht.«*

Alle wissen, wen ihr Pfarrer meint. Er spricht von seinem Freund, dem deportierten Landarzt, und den regionalen NSDAP-Granden:

> *»Gotteshäuser, die anderen heilig waren, sind ungestraft niedergebrannt worden. Das Eigentum von Fremden geraubt oder zerstört. Männer, die unserem Volk treu gedient haben, wurden ins KZ geworfen, bloß weil sie einer anderen Rasse angehören. Wir als Christen sehen, wie dieses Unrecht Gottes Strafen über Deutschland herbeiziehen muss. Gott lässt sich nicht spotten, was der Mensch sat, das wird er ernten!«*

Der Arzt entkommt, den Pfarrer trifft's

Als Dr. Baer fünf Tage vor Weihnachten 1938, aus dem KZ entlassen, nach Hause zurückkehrt, erkennt ihn die Hausangestellte an der Tür kaum wieder. Im März 1939 kann die Familie nach England ausreisen. Zwei Koffer sind ihnen geblieben. Julius von Jan dagegen kommt am 25. November 1938 in Untersuchungshaft, wird ein Jahr später wegen Vergehens gegen den »Kanzelparagrafen« zu 16 Monaten Haft in Landsberg/Lech verurteilt, von der württembergischen evangelischen Landeskirche wegen seiner »politisch polemischen Predigt« vom Dienst suspendiert (!)

und nach seiner Entlassung aus dem Knast 1943 in eine Strafkompanie an die Ostfront nach Russland befehligt. Er ist jetzt 46 Jahre alt, nierenkrank und herzleidend, aber die Behörde in Nürtingen besteht auf seiner Rekrutierung. »Ich sollte wohl nach Art des biblischen Urija umkommen«, sagt Julius später (Urija ist ein Soldat, der in ein aussichtsloses Himmelfahrtskommando geschickt wird). Aber: Julius kommt nicht um, sondern in Gefangenschaft. Diesmal in amerikanische. Im September 1945 kehrt er nach Oberlenningen zurück. Mit 67 Jahren, am 21. September 1964, stirbt Julius von Jan, letztlich auch an den Spätfolgen seiner Haftjahre.

Am 13. Oktober 2020 hat ihn die israelische Gedenkstätte Yad Vashem als »Gerechten unter den Völkern« geehrt.

Der als Querkopf richtig lag

Roger Williams, Pilgervater

Stephen Kings Gruselkrimi »Friedhof der Kuscheltiere« spielt dort, die Zeichentrickserie »Family Guy« auch. Wer zum herbstlichen Farbwechsel der Ahornbäume durch die Neuenglandstaaten der USA reist und den »Indian Summer« genießt, mag schon mal durchgefahren sein. Ansonsten sind der winzige US-Bundesstaat Rhode Island und seine Hauptstadt Providence bestenfalls als »die Küstenlandschaft zwischen New York und Boston« (un)bekannt. Hätte dort nicht ein notorischer Querkopf gelebt …

Roger Williams auf einem posthumen Stich aus dem Jahr 1840 von J. D. Gross.

Vom Regen in die Traufe

Wenn du 1603 in London geboren wurdest und nach deinem Theologie- und Jurastudium mit 26 Jahren zum Priester der Church of England geweiht wirst, dann hast du's geschafft. Wenn du obendrein sogar als Privatkaplan der Adelsfamilie von Sir William Marsham in Essex arbeiten darfst, hast du auch genug Geld, um Weihnachten 1629 die vornehme Mary Bernard zu heiraten.

Alles Roger bei den Williams?

Nicht ganz. Weil dich ärgert, dass deine anglikanische Kirche die frommen »Puritaner« und alle sonstigen Andersgläubigen grausam verfolgt. Dass dein Vermieter Sir Marsham zwar gegen derlei Ketzerjagd ist, aber im Parlament nichts dagegen tut. Drüben in Deutschland tobt bereits ein blutiger Religionskrieg zwischen Protestanten und Katholiken, von dem noch niemand ahnt, dass er 30 Jahre dauern wird.

Ein Jahr nach ihrer Hochzeit folgen Roger und Mary den Verfolgten: Sie haben das Misstrauen und die lauernde Gesinnungsschnüffelei satt, sie wandern aus. In die Kolonie Massachusetts, nach Boston, wo die frommen »Pilgerväter« das »Neue England« aufbauen, wie man hört.

Roger kauft Land, unterrichtet Schulkinder, predigt, tauft und beerdigt – und stellt fest, dass die Bürgermeister und Landräte mittels staatlicher Gesetze ins Gemeindeleben hineinpfuschen. Der Staat will feststellen, wer »gläubig genug« ist? Nicht mit ihm, dem neuen Pfarrer!

Roger protestiert. Er predigt, »dass keine Kirche für sich beanspruchen kann, die einzig wahre zu sein« – und gilt fortan als »liberal seeker«, als ein freigeistiger Suchender. Ab 1636 wird er selbst gesucht, per Haftbefehl.

Zuflucht bei den Ureinwohnern

Roger und Mary fliehen mit ihren Kindern nach Süden, über den Seekonk River (im heutigen Stadtgebiet von Providence), zu den Ureinwohnern aus dem Volk der Narragansett. Die nehmen sie überraschend freundlich auf, obwohl erst 1633 eine von Engländern eingeschleppte Pocken-Epidemie fast 700 von ihnen getötet hatte. Angenehm überrascht ist auch der Clanchef der Indigenen: Roger Williams lernt die Sprache der Narragansett, notiert ihre Gebräuche und Rituale von der Geburt über die Hochzeit bis zum Begräbnis – und entschließt sich, ihnen zwar das Evangelium von Jesus Christus zu predigen, aber keinen von ihnen in die Mitgliedschaft der anglikanischen Kirche hineinzutaufen. »Ich hätte das ganze Land taufen können, aber das wäre heuchlerisch gewesen.« Bei den Puritanern in Massachusetts gilt Williams jetzt als »erfolgloser Missionar«. Unangenehm überrascht ist man in Boston auch davon, dass Roger Williams 1638 mit Glaubensflüchtlingen aus England die erste Baptistengemeinde Nordamerikas gründet, sich 1639 dort selbst taufen lässt, aber kurz darauf im gegenseitigen Einvernehmen wieder austritt! Der tiefgläubige Mann misstraut jeder Religion, die als Institution Macht gewinnt. Er lebt seine Gewissensfreiheit radikal aus.

Ein Grundgesetz, ein Wörterbuch

Sein kleines Anwesen an der Mündung des Seekonk River nennt er »Providence« aus »Dank für Gottes gnädige Vorsehung«. Als immer mehr Neusiedler ankommen – vor allem pazifistisch gesinnte »Quäker« –, entsteht die Kolonie »Rhode Island«. Die muss von der Londoner Krone legitimiert werden, also reist Williams 1643 nach England zurück und hat auf der Überfahrt viel Zeit zum Schreiben: Er entwirft eine Verfassung, die auch für Indigene das passive und aktive Wahlrecht garantiert und eine strikte Trennung von Staat und Kirche vorsieht. Außerdem schreibt er den »Schlüssel zur Sprache Amerikas« – das Narragansett-Wörterbuch. Mit dessen Hilfe tut drei Jahre später der britische Puritaner John Eliot das, was Roger Williams nie wollte: Er tauft 1646 ein Waisenkind vom Volk der Wampanoag, predigt gegen das jahreszeitliche Nomadisieren in Zelten und legt 14 »Gebetsdörfer« für getaufte »Praying Indians« an, was zur Spaltung vieler Familien in christlich-Sesshafte und heidnisch-Umherziehende führt. Für die weißen Siedler der Neuengland-Kolonien jedoch ist Eliot fortan der »erfolgreiche« und Williams der »gescheiterte« Missionar.

Streit und 40 Jahre Frieden

Als der mächtige Pfarrer der »First Church of Boston«, John Cotton, das Konzept einer streng konservativen Kirche entwirft, ausgestattet mit staatlicher Gerichtsbarkeit bis hin zu Todesurteilen in Glaubensfragen, widerspricht ihm Roger Williams 1644 mit der Streitschrift »Das blutige Prinzip der Verfolgung aus Gewissensgründen«. Es wird sein berühmtester Text.

> *»Rühme dich nicht, du stolzer Engländer, deiner Geburt und deines Blutes. Dein Bruder, der Indianer, ist genauso gut, denn von einem Blute machte Gott ihn und dich und alle. Klug, gerecht, stark und persönlich.«*

Noch 100 Jahre später klingt dieser Text an, wenn es zu Beginn der amerikanischen Unabhängigkeitserklärung von 1776 heißt:

> *»Folgende Wahrheiten erachten wir als selbstverständlich: dass alle Menschen gleich geschaffen sind; dass sie von ihrem Schöpfer mit gewissen unveräußerlichen Rechten ausgestattet sind; dass dazu Leben, Freiheit und das Streben nach Glück gehören …«*

40 Jahre lang hält der Religions- (und politische) Friede in Rhode Island. Über alle Fehden und Erbstreitigkeiten der Ureinwohner, über politische Intrigen und immer neuen Landraub der Siedler hinweg – bis nicht mal mehr der zum Gouverneur gewählte Pfarrer Roger Williams verhindern kann, dass 1675 rund 1000 weiße Milizionäre die etwa 5000 Narragansett in ein Sumpfgelände treiben, zusammenpferchen und verbrennen. Kaum 500 Frauen und Kinder überleben das »Swamp Massacre«, werden aber als Sklaven in die Karibik verkauft. Im Zuge weiterer Kämpfe geht im März 1676 die kleine Stadt Providence in Flammen auf.

Roger Williams stirbt im Frühjahr 1683.

> *»Die Pilgerväter kamen nach Amerika, um religiöse Freiheit für sich zu suchen. Roger Williams kam nach Amerika, um Gewissens- und Glaubensfreiheit für alle zu finden. Protestanten, Katholiken, Juden, Moslems, Heiden.«*

So steht's in amerikanischen Schulbüchern. Bleibt zu hoffen, dass das so bleibt …

Der sich für Gott zum Affen machte

William Booth, Straßenprediger

Abschied am Hafenkai: Frauen weinen, Männer winken, ein Engländer mit weißem Rauschebart schlägt das Tamburin und singt. Als er an Bord kommt, tadelt ihn der vornehme Reiseschriftsteller Rudyard Kipling (Verfasser des »Dschungelbuchs«) dafür. Er habe sich ja so fremdschämen müssen. William Booth antwortet: »Wenn ich für Gott eine einzige Seele dadurch retten könnte, dass ich Handstand mache und mit den Füßen das Tamburin schlage – ich würde es tun!«

William Booth auf einem Foto vom 14. August 1912, sechs Tage vor seinem Tod.

Die Kriegserklärung

Als William am 10. April 1829 in der englischen Industriestadt Nottingham geboren wird, laufen die Bauspekulationen seines Vaters schlecht. Der Junge muss in einem Pfandleihhaus arbeiten. Täglich begegnet er Menschen, die ihre letzten Habseligkeiten versetzen, um an Brot oder Alkohol zu kommen. Es ist die Zeit der ersten Industriellen Revolution. Seit ein einziger mechanischer Webstuhl 40 Weber ersetzt, gibt es das »Textilproletariat«, das in der Baumwollindustrie kein Auskommen mehr findet und aus schierer Armut zu menschenverachtenden Schleuderpreisen den Arbeitsmarkt flutet: 14 Stunden Maloche an sieben Tagen die

Woche. Kohle, Stahl, Maschinenbau. In den Bergwerken und Schmieden arbeiten Kinder.

Teenager William hat einem Freund einen Bleistift geklaut. In einer Versammlung des Methodistenpredigers James Caughley springt er plötzlich auf, gibt den Bleistift zurück »und bekannte meine Sünde. In dem Augenblick fiel die Last der Schuld von meinem Herzen, kehrte Friede bei mir ein und ich zog aus, um Gott und den Mitmenschen zu dienen.« William Booth lädt die Kunden des Pfandhauses zum Gottesdienst ein, aber in der Kirche werden »diese ungewaschenen Subjekte« gebeten, außer Sichtweite der Gemeinde Platz zu nehmen.

Booth fängt an, auf der Straße zu predigen.

> *»Die Trunksucht, die Prostitution, die Armut, die Wohnungsnot, die Gotteslästerung und der Unglaube dieser Leute übten einen Anreiz auf mich aus. Ich sah sie nicht nur, ich fühlte mit ihnen.«*

Als er zum Methodistenpastor in Brighthouse ordiniert wird, wächst die Gemeinde von 120 auf 1500 Mitglieder. William Booth will keine neue Kirche oder gar Sekte gründen, spürt aber, dass er für sein Anliegen im gutbürgerlichen Kirchenmilieu keine Mitstreiter finden wird.

Und dann kam Catherine

Die hochgebildete Catherine Mumford lässt sich drei Jahre Zeit, bis sie 1855 William Booth das Ja-Wort gibt. Sie schreibt ihm aber täglich (!) einen Liebesbrief. Oder sagen wir: eine kluge theologische Abhandlung. »Das Recht der Frau, zu predigen« heißt eine. »Über den Ehrgeiz« eine andere:

> *»Ich glaube nicht, dass Gottes Wort Gebrüll und Geschäume braucht, um wirksam zu werden. Es gab nichts Derartiges in der Predigt des Petrus am ersten Pfingsten: Der Lärm wurde nur von den Hörern gemacht, die im Herzen getroffen waren. Ich spreche in aller Sanftmut zu dir, dem Geliebten meiner Seele: Dein hauptsächlichster Fehler ist dein Ehrgeiz.«*

An Lärm von Hörern auf der Straße fehlt es nie: Wenn Catherine predigt – rhetorisch geschliffener und theologisch brillanter als ihr Mann – und Menschen zur Bekehrung aufruft, zum öffentlichen Beichten ihrer Sünden und zur radikalen Lebensumkehr, dann gibt es oft Tumulte. Um die Pfeifkonzerte der Spötter zu übertönen, lässt William Booth Posaunen und Blechtrommeln anschaffen und weltliche Schlagermelodien spielen. »Why should the devil have all the good music?« – das ist sein Argument, mit dem sich noch 100 Jahre später die ersten christlichen Rock'n'Roller gegen naserümpfende Kirchenmusiker verteidigen.

Am 2. Juni 1865 ist es dann so weit: William gründet die »Christliche Erweckungsgesellschaft« und formuliert einen »Claim«, der nach wie vor programmatisch ist: »Suppe, Seife, Seelenheil!«

Eine Armee des Heils

William Booth merkt schnell: Bekehrung, Beichte und Buße bewirken erst dann eine dauerhafte Veränderung im Leben all der Süchtigen, Kriminellen, Analphabeten und Prostituierten, wenn ihnen Aufgaben und Mitverantwortung anvertraut werden, wenn sie sich ihrerseits um ihresgleichen kümmern.

»Gerettet sein gibt Rettersinn!«, ist Williams Motto.

Elijah Cadman zum Beispiel, ehemals ein gefürchteter Bandenboss in Ostlondon, Inhaber eines Boxrings, macht einen irischen Ringkämpfer zum Chef der Suppenküche und wird jener

»feurige Elias«, der William Booth eine militärische Organisationsstruktur vorschlägt. »Schwache Menschen brauchen starke Führung. Disziplin und Hierarchie signalisieren ihnen Sicherheit. Wie wäre es, wenn wir Uniformen trügen?«, meint Cadman. »Wir sind Soldaten Christi in einer Armee des Heils!«, findet Bramwell Booth, der jungerwachsene Sohn, und seinem ohnehin autoritären Vater William gefällt das.

Sie ändern ihren Vereinsnamen in »Salvation Army«, ihre erste Konferenz heißt »Kriegskongress«, ihre Zeitschrift »Kriegsruf«, ihre Mitarbeiter General, Oberstleutnant, Major usw. und es gibt »Trinker-Rettungs-Brigaden«, »Gefängnisbrigaden« und sogar eine Truppe mit »Slum Sisters«, die verwahrloste Wohnungen putzen.

Heute, gut 150 Jahre später, ist die »Heilsarmee« eine anerkannte evangelische Freikirche mit weltweit rund 1,7 Millionen Mitgliedern in 127 Ländern der Erde.

Kein Grund zum Fremdschämen

»Jeder Kutschengaul in London hat einen Stall für die Nacht, Futter für seinen Magen und eine Arbeit, mit der er sich seinen Hafer verdient. Wie viele Menschen in England haben weniger als ein Pferd!«

Prediger William Booth benennt die soziale Not, ohne ihre wirtschaftspolitischen Ursachen zu bekämpfen. Zum Kapitalismuskritiker oder Sozialreformer fehlen ihm die analytische Begabung und der visionäre Wille. Aber: Als sein Lebensengel Catherine am 4. Oktober 1890 mit nur 62 Jahren an Brustkrebs stirbt, gibt es die »Heilsarmee« bereits in fast allen Ländern des britischen Empires und darüber hinaus; es haben ihn König Edward VII., die Könige von Dänemark und Schweden, der japanische Kaiser und US-Präsident Roosevelt empfangen. Die Londoner Royal Albert

Hall ist rappelvoll, als der 83-jährige Rauschebart am Pult ausruft:

> »*So lange Frauen weinen, will ich kämpfen. So lange Kinder hungrig auf den Straßen umherlaufen, will ich kämpfen. So lange Männer ins Gefängnis müssen, will ich kämpfen.*«

William Booth stirbt vier Monate später, am 20. August 1912.

24-mal hatte Booth in Deutschland gepredigt. Ein Volkswirtschafts-Student aus dem schwäbischen Brackenheim war dabei – und tief beeindruckt: »Was von ihm ausging, war nicht die drohende Warnung vor Verdammnis, sondern eine fast heitere Harmonie der inneren Sicherheit.« Der junge Mann hieß Theodor Heuss. 1949 wurde er der erste Bundespräsident.

Tödlich verheiratet

Jochen Klepper, Dichter

Jochen Klepper.

»Die werden doch einem prominenten Schriftsteller und deutschen Soldaten nicht die Frau wegnehmen!« Davon ist Jochen Klepper überzeugt, als er am 10. Dezember 1942 einen Termin bei Adolf Eichmann bekommt, der im »Reichssicherheitshauptamt« in Berlin die Logistik für die industrielle Ermordung der europäischen Juden organisiert. Der schüttelt den Kopf: »Bei rassischen Mischehen wird ab sofort die Zwangs-Scheidung veranlasst. Und anschließend die Deportation des jüdischen Partners. Ich kann da keine Ausnahme machen.«

Verhätscheltes Sorgenkind

Geboren wird Jochen am 22. März 1903 als Sohn des schlesischen Landpfarrers Georg Klepper in Beuthen an der Oder. Sein Vater ist so, wie man sich um die Jahrhundertwende ein »gestandenes Mannsbild« wünscht: stattlich, dominant, von polternder Lebensfreude. Aus dem Beuthener Pfarrhaus dröhnt zackige Marschmusik. Georg Klepper besitzt als einer der Ersten im Ort ein knatterndes Automobil – was viele kopfschüttelnd missbilligen – und führt seinen Gästen die neueste Technik vor: einen elektrischen Projektor für Stummfilme!

Von Mutter Hedwig erbt Jochen die künstlerische Seite: den Geschmack für elegante Kleidung, Stil-Möbel und extravagante Bilder. Als Kind hat Jochen Asthma-Anfälle, ist oft krank. Das macht ihn zum besonders umhegten Sorgenkind seiner zartbesaiteten Mama.

Der Junge zeichnet und singt. Er bastelt ein Puppentheater mit annähernd 300 Figuren und mag nicht mit dem derb-raubeinigen Vater auf Fuchs- und Kaninchenjagd gehen. Was in der Pubertät zu heftigen Krächen führt. Zitat: »Vater und ich haben in großen Erregungen und Leiden aneinander erfahren, was Sünde und Gnade ist.«

Dürfen Väter von ihren pubertierenden Söhnen enttäuscht sein? Ja.

Gab Georg Klepper die Liebe und die Hoffnung auf, dass aus dem Muttersöhnchen noch was wird? Nein.

Heimlich schwul

Ab 1917 wohnt der junge Gymnasiast Jochen Klepper bei seinem Französischlehrer in Breslau (heute Wrocław). Zu ihm entwickelt sich ein hochkompliziertes Verhältnis von homo-erotischer Zuneigung. In den Varieté-Theatern und Tanzpalästen der Stadt treten die großen Entertainer der »Roaring Twenties« auf: der Zirkusclown Charlie Rivel, der Jongleur Enrico Rastelli, der Sänger und Spaßvogel Otto Reutter. Jochen fühlt sich zu Künstlern und Exzentrikern hingezogen, genießt die Provokationen der Freigeister.

1922 ist er Student der Theologie in Erlangen, eilt aber direkt aus einer Römerbrief-Vorlesung in die Garderobe von Asta Nielsen, der dänischen Stummfilm-Diva. Mitstudenten erinnern sich, dass Klepper stets einen Wappenring am Finger, ein parfümiertes Taschentuch in der Hand und daheim in der Studentenbude zierliche Häkeldeckchen und Porzellandöschen hatte.

Mussten seine Eltern davon ausgehen, dass ihr Sohn schwul ist? Ja.

Gab es für sie und für Jochen selbst zu ihrer Zeit eine Möglichkeit, dies als genetische Veranlagung oder biografische Prägung anzunehmen? Nein.

Gefeuerter Radioredakteur

Klepper arbeitet als Redakteur beim Rundfunk, betreut Autoren wie Albert Schweitzer und Martin Buber, und wohnt zur Untermiete bei der 39-jährigen Witwe Hanni Gerstel-Stein. Sie ist Jüdin, hat zwei kleine Töchter und ist 13 Jahre älter als Jochen. Die beiden kommen sich näher. Ihre standesamtliche Trauung am 28. März 1931 und ihren Umzug von Breslau nach Berlin-Nikolassee nennt er »die Rettung von zwei Vereinsamten als Gang durch eine große offene Tür«. Klepper schreibt:

> *»Ohne Gott bin ich ein Fisch am Strand,*
> *ohne Gott ein Tropfen in der Glut,*
> *ohne Gott bin ich ein Gras im Sand*
> *und ein Vogel, dessen Schwinge ruht.*
> *Wenn mich Gott bei meinem Namen ruft,*
> *bin ich Wasser, Feuer, Erde, Luft.«*

Seit dem 30. Januar 1933 ist Adolf Hitler an der Macht. Der fromme Radiomacher wird fristlos gefeuert. Hannis Vermögen ist aufgebraucht. Dass sie als 43-Jährige kein gemeinsames Kind mit Jochen mehr bekommen wird, ist auch klar. Zitat Jochen: »Habe das Empfinden eines unfruchtbaren Daseins. Wir sind zwei übriggebliebene Menschen.«

Hat sich der arbeitslose und kinderlose junge Mann aufgegeben? Nein.

Hat er im Klagen, Bitten und Beten Trost gefunden? Ja.

Glücklicher Bestsellerautor

»Seit 1935 versuche ich mich an Kirchenliedern«, notiert er, »leicht singbare, aber literarisch und theologisch anspruchsvolle Texte sollen es sein«. Im Herbst 1938 erscheint der Lyrik-Band »Kyrie« mit 29 Liedern. Es wird im Laufe von 14 Auflagen für viele Christen eine Art Trostbuch. Warum? Weil er die Lieder an sich selbst »getestet« hat. Zitat: »Die dritte Nacht ohne Schlafmittel überstanden. Das muss am Abendlied liegen.«

Alpträume, real und tagsüber, haben jetzt Hanni und ihre Töchter: »Juden werden nicht bedient«, steht an Geschäften und Restaurants.

Im Frühjahr 1937 erscheint Jochens Roman über Kaiser Wilhelm I. Titel: »Der Vater«. Ein Mega-Bestseller. Nazis lesen ihn als Glorifizierung deutscher Geschichte. Oppositionelle lesen ihn als wohltuende Flucht in eine bessere Vergangenheit. Adolf Hitler verschenkt ihn an Staatsgäste. Jetzt hagelt es plötzlich Einladungen. Jochen Klepper liest und referiert an Universitäten, in Kirchen und Buchläden. Sein Vermögen aus Buchtantiemen beträgt rund 26.000 Reichsmark. Die Not hat ein Ende. Und auch privat erfüllt sich ein sehnlicher Wunsch: Hanni lässt sich am 18. Dezember 1938 taufen und kirchlich trauen, sieben Jahre nach der standesamtlichen Trauung. Erstmalig gehen sie als Eheleute gemeinsam zum Abendmahl. Tochter Brigitte ist sicher nach England emigriert. »Es ist Weihnachten geworden!«, jubelt Jochen.

Bis nur der Tod sie scheidet

Anfang Dezember 1942 aber kommt der befürchtete Behördenbrief: Renate »Sara« Stein-Klepper, die jüngste Tochter, soll ihre Wohnung räumen und sich zum Abtransport bereithalten. Am selben Tag ein Anruf aus Stockholm, Reni sei die Einreise nach Schweden bewilligt. Achterbahn der Gefühle! Aufgrund seiner

Popularität bekommt Klepper einen Termin bei Adolf Eichmann. Der sagt ihm ganz simpel: »Ihre Tochter darf nach Schweden, Ihre Frau kommt ins KZ und Sie können doch gern weiterschreiben. Wir freuen uns schon auf den nächsten Roman.«

Am Morgen des 11. Dezember 1942 findet die Haushälterin einen Zettel an der Tür: »Vorsicht Gas«. Auf dem Küchenfußboden liegen eng umschlungen Hanni und Reni Stein, daneben mit offenen Augen Jochen Klepper.

Rund 75 Jahre nach diesem Suizid, der eben kein »Freitod«, sondern ein »Zwangstod« war, stehen 13 Lieder von Jochen Klepper im evangelischen Kirchengesangbuch, acht in freikirchlichen Liederbüchern. Neben dem robusten Dietrich Bonhoeffer verehren Christen zu Recht auch den fragilen Jochen Klepper als Märtyrer ihres Glaubens.

Der an die Kraft der Bilder glaubte

Klaus Mayer, Vater der Chagall-Fenster von Mainz

Monsignore Klaus Mayer 2019.

In die katholische Pfarrkirche St. Stephan in Mainz kommen jährlich rund 200.000 Besucherinnen und Besucher. Weil hier auch Helmut Kohl bisweilen die Bänke wärmte? Weil sie pittoresk über der rheinland-pfälzischen Landeshauptstadt thront? Nein, sondern weil der weltberühmte Marc Chagall neun der 28 blau-bunten Kirchenfenster gestaltete, fast 180 Quadratmeter Glasmalerei.

Chagall: der »Meister der biblischen Botschaft in Farbe«, der jüdische »Farben-und-Figuren-Prediger« des 20. Jahrhunderts, eine Ikone der modernen Kunstgeschichte. Seine Gemälde schmücken die Decke der Pariser Oper und die Wände der New Yorker Metropolitan Opera, seine Glasmalereien die Fenster der Uniklinik-Synagoge von Jerusalem, der Kathedrale von Metz, des Fraumünsters in Zürich, des UNO-Hauptquartiers in New York. In Nizza gibt es seit 1973 ein »Musée National Marc Chagall«, das sich insbesondere seinen biblischen Arbeiten widmet.

Was hat das mit dem schlohweißen alten Mann zu tun, der gerade seinen Rollator in die Kirche schiebt?

Mit 98 über 4000 Vorträge gehalten

Die Gehhilfe steht jetzt zusammengefaltet vor den Altarstufen. Der 98-jährige Priester begrüßt die Besucher zur Meditation der Chagall-Bilder. Der eben noch gebeugt gehende Mann blüht auf. Freistehend. Mit der Leidenschaft eines scheinbar 30-Jährigen nimmt er die Besucher mit in die bewegungsvollen Darstellungen, in das Mysterium und die Farbsymphonie des Glaubens.

»Der Gott der Väter«, »Die Himmel fassen dich nicht«, »Ich stelle meinen Bogen in die Wolken« – wie Monsignore Klaus Mayer die Themen und Symbole der Glasgemälde erläutert, macht nachvollziehbar, warum St. Stephan neben dem Dom die zweitwichtigste Touristenattraktion der Stadt ist.

90 Minuten lang übersetzt Klaus Mayer »singende Farben«. Die Blautöne, die Engel, die Heiligen und den Gekreuzigten, meist mit friedvollen und sanften Gesichtszügen dargestellt – »Dieser Pfarrer macht Lust auf die Herrlichkeit Gottes«, schreiben Besucher an die Pinnwand. Über 4000-mal hat er, der mehrfach preisgekrönte Ehrenbürger von Mainz, diese Bilder schon meditierend interpretiert. Ohne dabei sich selbst zum Thema zu machen – obwohl er das könnte:

Mit 22 der Ermordung entkommen

Februar 1945. Eine Deportationsliste macht die Runde in Mainz. Auf ihr steht auch der 22-jährige Klaus Mayer. Er gilt als »jüdischer Mischling ersten Grades«, hat seine Schulzeit im Kloster Ettal und sein Abitur in Mainz nur unter Schikanen der Behörden absolviert. Zum Studium wurde er nicht zugelassen. Vater Karl Jakob Mayer ist schon 1933 nach Argentinien geflohen. Mutter Emmi konnte bisher ihren Sohn mit vielen Winkelzügen vor der Gestapo schützen. Aber jetzt, als der Abtransport ins KZ unausweichlich scheint, in der Nacht des 27. Februar 1945, klinken britische Bomber ihre todbringende Fracht über Mainz aus. 1.209 Menschen sterben. Der im Gesundheitsamt zuständige Arzt verbietet Transporte und Reisen, um die Ausbreitung von Seuchen zu verhindern. Klaus gewinnt ein paar Tage Zeit. Er taucht unter.

Am 20. März hält ein amerikanischer Panzer direkt vor seinem Versteck. Klaus öffnet die Haustür, grüßt die Besatzung und gibt sich als »Half-Jew« zu erkennen.

15 seiner Familienangehörigen wurden ermordet oder nahmen sich das Leben. Mit seinem Vater kommt es nach 17 Jahren Getrenntsein zu einem tränenreichen Wiedersehen.

Klaus hat katholische Theologie studiert und ist seit 1950 ein geweihter Priester. 1965 wird er Pfarrer von St. Stephan. Der Notverglasung sieht man die Kriegsschäden noch an. Mayer ist überzeugt: Kirchenfenster haben einen hohen Verkündigungswert, können »anschauliche« Predigten sein, leuchtende Vor-Bilder.

Mit 50 einen naiven Brief geschrieben

Klaus Mayer bekommt ein Buch des Künstlers Marc Chagall in die Hand. Ein russisch-französischer Jude aus der Pariser und Berliner Bohème der 20er-Jahre, der 1931 nach einer Palästinareise beginnt, biblische Szenen zu malen, als »entarteter Künstler« vertrieben wird und jetzt in Südfrankreich lebt. Der Bildband zeigt Fotografien seiner Fenster in der Synagoge des Hadassah-Hospitals in Jerusalem und in der Kathedrale von Metz. Mayer fängt Feuer: Wenn jemand Kirchenfenster mit Strahlkraft erstellen kann, dann der!

Er schreibt dem 86-jährigen Weltstar der Kunstszene einen Brief und schlägt nicht weniger vor, als »seine« Kirchenfenster zu gestalten. Es dauert ein paar bange Wochen, bis Charles Marq, der Chef des Glasateliers in Reims und Freund des Meisters, antwortet: Ja, Chagall habe den Brief bekommen und bedanke sich für diese interessante, aber auch sehr verantwortungsvolle Anfrage, die viel Zeit und Überlegung brauche. »Falls Sie es eilig haben, sollten Sie sich ruhig an einen anderen Künstler wenden.«

Mayer ist von der Nicht-Absage beseelt. Er bleibt dran, will Überzeugungsarbeit leisten. Nach den Gräueln der Nazidiktatur hatte der jüdische Überlebende Marc Chagall beschlossen, nie wieder etwas für Deutschland zu gestalten. Atelierchef Marq lässt sich nach Mainz einladen. Ein Jahr später bittet Chagalls Frau Walentina Brodsky, genannt Wawa, um einen Film über die Kirche. Der Künstler könne aufgrund seines hohen Alters nicht mehr reisen. Klaus Mayer will den Streifen persönlich nach Saint-Paul-de-Vence bringen, erhält aber eine Absage: Für eine persönliche Begegnung sei es noch zu früh.

Hartnäckig trotzdem hingefahren

> *»Das ZDF hatte viel Geld in den Film investiert, ich wollte ihn nicht der Post anvertrauen. Ich schrieb Chagall, er bräuchte mich nicht zu empfangen, wenn er das nicht für gut hielte.«*

An der Haustür empfängt ihn Wawa und führt ihn in den Salon. Schlurfend tritt von hinten der weltberühmte Künstler heran, fasst den Deutschen an der Hand, drückt ihn in einen großen Ohrensessel, setzt sich selbst auf ein Holzbänkchen und hört zu. Liebenswürdig, interessiert, bescheiden, aber auch unverbindlich. Mayer bekommt kein Ja, aber er gewinnt die Freundschaft zum Ehepaar Chagall.

Daheim hält man seine Idee für verrückt. Unbeirrt spricht Mayer bei Ministerpräsident Helmut Kohl vor, »wegen der Finanzierung, verstehen Sie …« Kohl glaubt nicht an ein Gelingen, weist aber einen Ministerialbeamten an: Falls Chagall zusagt, wird das Land Rheinland-Pfalz die Kosten für das erste Fenster übernehmen.

Am 30. Dezember 1976 landet ein Brief von Wawa Chagall im Pfarrbüro St. Stephan: Ihr 90-jähriger Mann arbeite bereits an einem Fenster für die Mainzer Kirche. Es folgen acht weitere Fenster zur biblischen Heilsgeschichte.

Als Marc Chagall am 28. März 1985 in Saint-Paul-de-Vence stirbt, vollendet sein Schüler Charles Marq die Glasmalereien von St. Stephan mit 19 weiteren, bewusst einfacher gehaltenen Fenstern.

»Solange ich noch krabbeln kann, muss ich meiner Berufung folgen«, sagt Klaus Mayer in einem seiner letzten Interviews.

> *»Menschen ohne Boden unter den Füßen will ich den Glauben und die gute Nachricht verkündigen. Und die Völkerverständigung. Damit wir nicht wieder mit Nationalismus geplagt und von ihm heimgesucht werden.«*

Monsignore Klaus Mayer starb am 16. Dezember 2022 in Mainz.

»Liebesflammen lodern« lassen

Nikolaus Ludwig Graf von Zinzendorf, Songwriter

> *»Komm, Herr Jesus, sei du unser Gast*
> *und segne, was du uns bescheret hast.«*

Kennt fast jeder, dieses Tischgebet. Schlicht, kindlich, leicht zu behalten. Es stammt von demselben Dichter, der die Idee der »Herrnhuter Losungen« hatte: pro Tag zwei Bibelverse und eine Liedstrophe lesen. Als Buch erschienen seit fast 300 Jahren, ununterbrochen. Auch von ihm: ein Kirchenlied, das textlich zu Geburtstagen, Hochzeiten und Beerdigungen gleichermaßen »passt«: »Jesu, geh voran auf der Lebensbahn«.

Flüchtlinge ansiedeln

Vater tot, Mutter neu verheiratet, wächst Klein-Nikolaus seit seiner Geburt am 26. Mai 1700 bei seiner frommen Großmutter in der Oberlausitz auf. Er kommt mit Zehn ins Gymnasium des ebenfalls frommen August Hermann Francke nach Halle, studiert aber statt Theologie lieber Jura an der Uni Wittenberg und wird Justizrat am Hofe Augusts des Starken in Dresden. Im benachbarten Böhmen (heute Tschechien) werden Evangelische von der (katholischen) Staats-

Nikolaus Ludwig Graf von Zinzendorf in einer Darstellung aus dem Jahr 1854.

macht gejagt und inhaftiert, erst recht solche, die sich in Hauskreisen treffen. Diese »Böhmischen Brüder« fliehen ins damals tolerante Sachsen. Graf Zinzendorf baut 1722 gerade sein Landpalais Berthelsdorf aus und heiratet – von der Adelsfamilie arrangiert – eine Frau mit dem langen Namen Erdmuthe Dorothea Gräfin Reuß-Ebersdorf, findet aber trotzdem Zeit, die Flüchtlinge »am Fuße des Hutberges« anzusiedeln. »In mir sollt ihr mehr einen treuen Gehilfen und lieben Bruder haben denn nur einen Patronum«, versichert er den mittellosen Flüchtlingen. Mit ihrem Anführer Christian David, dem Ortspfarrer Johann Andreas Rothe (»seine Predigten waren keinem Bauern zu dunkel und keinem Philosophen zu seicht«) und einem befreundeten Baron Wattewille bildet er den »Vierbrüderbund«, ein Leitungsteam der »Brüdergemeine in des Herrn Hut«. Seit einer bewegenden Abendmahlsfeier am 13. August 1727 ist das eine integrierte Lebens- und Glaubensgemeinschaft aus Flüchtlingen und Einheimischen, aus lutherischen, calvinistisch-reformierten und pietistischen Gläubigen.

Lobpreis texten

Der Stil der Zeit ist barock. Formstreng, aber gefühlsbetont. Strukturiert, aber überschwänglich inbrünstig. In den Versammlungen summt irgendwer spontan eine Melodie, Graf Zinzendorf spaziert im Saal herum und textet ebenso spontan Reime dazu, überarbeitet sie später, erprobt sie in den zum Teil täglichen Andachten. Mehr als 2000 Lieder sollen so entstanden sein. Ihre Sprache finden wir heute, knapp 300 Jahre später, befremdlich. Ihre inhaltlichen Aussagen aber verraten den seelsorglich erfahrenen Gemeindeleiter:

»Herz und Herz vereint zusammen,
sucht in Gottes Herzen Ruh'!
Lasset eure Liebesflammen
lodern auf den Heiland zu! …

Ach du holder Freund, vereine
deine dir geweihte Schar,
dass sie es so herzlich meine,
wie's dein letzter Wille war.«

»Rühret eigner Schmerz irgend unser Herz,
kümmert uns ein fremdes Leiden,
o so gib Geduld zu beiden.
Richte unsern Sinn auf das Ende hin.«

Die hohen Kirchenmusiker rümpfen die Nase. Bis heute übrigens. Nikolaus Zinzendorfs mystisch-ekstatische Beschreibung der Wunden Jesu am Kreuz sind ein ästhetischer, seine Schüttelreime ein literarischer Affront. Und: Er lässt sogar »Weiberreime« im Gottesdienst singen, zum Beispiel Texte von Anna Nitschmann, dem Kindermädchen seiner Familie auf Schloss Berthelsdorf.

Die Welt missionieren

Von einem Besuch beim dänischen König in Kopenhagen bringt Zinzendorf einen Sklaven mit, der den Herrnhutern von seiner karibischen Heimatinsel Saint Thomas erzählt. Prompt entsendet Zinzendorf 1732 zwei Missionare in die damals dänische Kolonie, darunter den Onkel der Erzieherin seiner Kinder, David Nitschmann. Der ist bereit, selbst Sklave eines Pflanzers zu werden und möglichst viel von den Indigenen zu lernen. Er prägt Zinzendorfs Missionsverständnis: Gottes Geist sei in der ganzen

Welt wirksam, auch bei Menschen, die nichts von Jesus wissen. Die Missionare müssten ihnen diesen »vor-präsenten« auferstandenen Christus lediglich erkennbar machen und – ganz wichtig – auch ihre sozialen und wirtschaftlichen Verhältnisse verbessern.

Folglich reisen Herrnhuter »Brüder« – wie zum Beispiel Schwester Anna Nitschmann – und gelegentlich auch Zinzendorf selbst nach Jamaika, Georgia, Pennsylvania, Surinam, Südafrika und Ghana. Heute sind »die Herrnhuter« – englisch »Moravian Church« – eine kleine, aber weltweit vertretene und ökumenisch geschätzte Freikirche.

Leid und Streit aushalten

Nikolaus' Frau Erdmuthe Dorothea bekommt in 18 Jahren Ehe zwölf Kinder. Drei sterben noch als Säuglinge; vier sterben, bevor sie fünf Jahre alt sind. 1734 wird Graf Zinzendorf zu einer »Rechtgläubigkeitsprüfung« ins Amt zitiert; 1736 wird er nominell und 1738 faktisch aus Sachsen verbannt.

Die immer »lutherisch orthodoxer« werdende Landeskirche hat die wachsende Selbständigkeit der Herrnhuter auf dem Kieker. Ausgerechnet sein Freund Andreas Rothe schickt Notizen von Zinzendorfs Predigten ans Landeskirchenamt. Dieser Verrat zerstört ihre Freundschaft unwiederbringlich. Zinzendorf übergibt die Leitung der Gemeinschaft an seine Frau und an – die inzwischen zur Gemeindeleiterin ordinierten – Anna Nitschmann. Er lebt auf Adelsgütern in der hessischen Wetterau und am britischen Hof in London, streitet sich in Briefen und Pamphleten mit theologischen und politischen Gegnern und darf erst 1755 wieder in die Oberlausitz zurückkehren.

Im Juni 1756 stirbt seine Frau Erdmuthe und Nikolaus kann öffentlich machen, was ohnehin jede und jeder in Herrnhut weiß: Die Ehe Zinzendorf war eher standesgemäß formal als glücklich. Zu Anna Nitschmann bestand schon lange eine enge Beziehung.

Die beiden heiraten 1756 »in aller Stille«, geben ihre Ehe aber erst 1758 bekannt.

Zinzendorfs bis heute deutlich spürbaren Einfluss auf das Singen und Beten evangelischer Christinnen und Christen hat das nie geschmälert.

Als der fromme Graf am 9. Mai 1760 stirbt und die Herrnhuter Gemeinschaft noch trauergeschüttelt seine emotionalen Lieder singt, kommt zwölf Tage später der nächste Schock: Anna Nitschmann ist ihrem Geliebten hinterhergestorben! Buchstäblich. Mit nur 45 Jahren. Beerdigt sind alle drei nebeneinander auf dem »Gottesacker« genannten Friedhof: Nikolaus, Erdmuthe und Anna – die berührendste Dreiecksbeziehung des Pietismus, könnte man sagen.

Der mitleidsvoll wütend wurde

Thomas Müntzer, Revolutionär

In der DDR kannte ihn jeder. Rund 200 sogenannte Landwirtschaftliche Produktionsgenossenschaften hießen »LPG Thomas Müntzer« und sogar Einheiten der Nationalen Volksarmee nannten sich »Brigade Thomas Müntzer«. Jeder DDR-Bürger hatte sein Bild auf einem Fünf-Mark-Schein in der Hand. Er ist wohl der einzige Pfarrer, der je Banknoten eines atheistischen Staates zierte.

Thomas Müntzer auf einem posthumen Porträt, entstanden um 1550.

Positiv erschrocken sein

Thomas, um 1489 als Sohn eines Münzprägers in Stolberg im Südharz geboren, studiert Jura, Medizin und Theologie, wird 1514 in Braunschweig zum katholischen Priester geweiht und staunt, wie freimütig Professor Luther in Wittenberg von seinem »Blitz-und-Donner-Erlebnis« in Stotternheim erzählt. Dort habe der dauerbeleidigte Richtergott im Himmel, der oft und gern zuschlagende Rächergott, den ängstlich-schuldbewussten Sünder Martin aus der Kutsche geworfen! Eine Art Gottespanik, die Luther ins Kloster getrieben hatte. Müntzer fragt sich, ob eine solch dramatische Erfahrung der Gottferne nicht auch eine umgekehrt positive Entsprechung haben könne – ob man von Gottes Liebe und Vergebung ebenso blitz-und-donnerartig erfasst werden könne. Thomas sehnt sich nach einer Erfahrung, wie sie zum Beispiel der Prophet Jesaja als Berufungserlebnis hatte:

> *»Einer der Seraphim-Engel flog zu mir her mit einem glühenden Stein, den er mit einer Zange vom Altar genommen hatte, berührte damit meinen Mund und sprach: ›Siehe, heiliges Feuer hat deine Lippen berührt, deine Sünden sind getilgt.‹ Da hörte ich die Stimme des Herrn rufen: ›Wen soll ich senden? Und ich antwortete: Ich will's! Sende mich!‹«*

Oft den Mund verbrannt

Noch ist er Luthers feurigster Fan. Als Pfarrer in Zwickau solidarisiert er sich mit aufständischen Tuchmachern und Webern, kritisiert die Stadtverwaltung und muss 1521 bei Nacht und Nebel nach Prag fliehen. Reich gewordene Priester und Bischöfe nennt er »hochverdammte Bösewichte, beelzebubische Knechte, eine Plage des armen Volks, Hurenhengste und Labscheißer, närrisch stroherne Gelehrte und hodensäckige Doktores.« Man ist nicht zimperlich. Dokumente unterschreibt er als »Thomas Müntzer mit dem Hammer«. 1523 heiratet er die ehemalige Nonne Ottilie von Gersen. Übrigens zwei Jahre früher als Luther seine Katharina. Ebenfalls zwei Jahre früher als Luther die Bibel übersetzt Thomas Müntzer die Liturgie der Heiligen Messe aus dem Lateinischen ins Deutsche. Kein Wunder, dass vor allem die Ungebildeten, die Armen, die Unterdrückten der Gesellschaft in hellen Scharen Müntzers flammende Predigten in Allstedt besuchen.

Eine Art theokratische Demokratie?

Der inneren Umkehr des Einzelnen muss eine äußere Umkehrung der Verhältnisse folgen, meint Müntzer. Das »Reich Gottes« im Herzen und im Himmel braucht eine Entsprechung im »Reich der Welt«. Die sieht Müntzer in der Gütergemeinschaft der ersten Christengemeinde in Jerusalem modellhaft vorgegeben: »Alle Gläubigen waren beisammen und hatten alles gemeinsam. Sie verkauften ihre Güter und die Habe und verteilten sie untereinander, je nachdem einer es nötig hatte« (Apostelgeschichte 2,45–46). Als die Fürsten und Martin Luther dies für »Schwärmerei« halten – heute würden wir sagen: für Sozialromantik –, antwortet er ihnen: »Wolltest du den Lauf des Evangeliums aufhalten, so wird dir das Schwert genommen und dem gemeinen Mann gegeben werden!«

Das »Schwert«, also Gesetzgebung, Justiz und Polizei, in der Hand des Volkes? In einem einzigen Satz hat Thomas Müntzer den Gedanken des Volks-Souveräns ausgesprochen, die Grundlage jeder modernen Demokratie.

250 Jahre vor der Französischen Revolution und 400 Jahre vor der kommunistischen in Russland will Müntzer nichts weniger als die Vergesellschaftung der Produktionsmittel. Er schaut in die Vorratskammern seiner Gemeindeglieder und stellt fest: Für die einfachen Leute bleibt Luthers Reformation wirkungslos, noch während sie im Gange ist.

Luthers Shitstorm, Müntzers Frage

Martin Luther kontert mit der Hetzschrift »Wider den aufrührerischen Geist zu Mülhausen« (wo Müntzer inzwischen wirkt) und empfiehlt, »wer immer kann und mag denselben zu erwürgen, der tut recht wohl«. Luther spricht aus, was Islamisten heutzutage eine »Fatwa« nennen, im Resultat: einen Mordaufruf.

Begründung: »Die Taufe macht nicht Leib und Gut frei, sondern nur die Seelen!«

Müntzer antwortet mit seiner »Hochverursachten Schutzrede wider das geistlose, sanftlebende Fleisch zu Wittenberg«:

> *»Die Grundsuppe des Wuchers, der Dieberei und Räuberei sind unsere Herren und Fürsten! Sie nehmen alle Kreatur zum Eigentum: Die Fische im Wasser, die Vögel in der Luft, das Gewächs auf Erden – muss alles ihrs sein! Darüber lassen sie dann Gottes Gebot ausgehen und sagen den Armen: Du sollst nicht stehlen. … Da sagt dann der Wittenberger Doktor Lügner: Amen! Die Herren machen das selber, dass ihnen der arme Mann feind wird!«*

Müntzers Klage beschäftigt auch 500 Jahre später noch die UNO in New York, den internationalen Gerichtshof in Den Haag und zigtausende Umwelt- und Menschenrechtsorganisationen, Kirchenbünde und christliche Hilfswerke: Wem gehören Wasser und Luft? Wer erwirbt von wem und für wie lange Grund und Boden? Wem gehören die Nutzungsrechte an Bodenschätzen und Rohstoffen?

»Die Kleinen hängt man auf, die Großen lässt man laufen« – eine sprichwörtlich gewordene Redewendung Thomas Müntzers.

Foltertod unterm Regenbogen

»Das Reich und die Herrschaft und die Macht über alle Reiche unter dem Himmel wird dem Volk der Heiligen gegeben werden«, liest er im Kapitel 7 des Buches Daniel. Diese Prophezeiung erfüllt sich gerade, meint Müntzer, als er Südwestdeutschland bereist und von den aufständischen Bauern der »Bundschuh«-Bewegung inspiriert wird. Unter einer weißen Fahne mit Regenbogen – Zeichen der Unschuld und der Treuezusage Gottes – marschiert Pfarrer Müntzer an der Spitze des Bauernheeres am 26. April 1525 aus Mülhausen heraus. Landgraf Philipp von Hessen hat die Aufständischen eingekesselt und macht ihnen ein Angebot: freies Geleit für die, die »bös verführet wurden«, wenn sie ihren Rädelsführer ausliefern.

Da erscheint über den Zelten rund um die untergehende Sonne ein farbiger Hof, ein Sonnenhalo. Mit etwas Fantasie genau jener Regenbogen, den Thomas Müntzer auf seiner Fahne hat! Das Naturschauspiel wirkt auf die Bauern wie ein Adrenalinstoß. Niemals werden sie ihren Feldprediger und Propheten ans Messer liefern!

Die Soldaten des Fürsten nutzen das ergriffene Staunen der Aufständischen zum Überraschungsangriff. Am 14. und 15. Mai 1525 besiegen rund 6000 bestens bewaffnete und strategisch klug geführte Soldaten etwa 8000 desorganisierte Bauern, die mit Dreschflegeln, Sensen und Mistgabeln angetreten sind. Die Schlacht bei Frankenhausen in Thüringen ist militärisch kein Bauern-»Krieg«, sondern ein Massaker.

Thomas Müntzer flieht hinter die Stadtmauern von Frankenhausen, wird entdeckt, in der Wasserburg Heldrungen zehn Tage lang gefoltert und am 27. Mai 1525 vor den Toren der Stadt Mülhausen enthauptet.

Der 50 Jahre geschwiegen hatte

Nicholas Winton, Kinderretter

Ein Diktator überfällt ein Nachbarland und verleibt sich Teilgebiete ein. Vorgeblich, um seine dort lebenden Landsleute zu »schützen«. Empörte Regierungen Europas verhandeln mit ihm ein »Aber-nicht-weiter!«-Abkommen. Vergeblich: Ein halbes Jahr später besetzt er trotzdem weitere Landesteile. Vertreibungen, Zwangsumsiedlungen und Flüchtlingsströme sind die Folge. Sechs Monate später überfällt er eine zweite Nachbarnation.

Nicholas Winton bei einem Besuch in Prag 2007.

Klingt alles sehr nach Putin?

Nein, das war die »Sudetenkrise« im heutigen Tschechien, das »Münchner Abkommen« vom Oktober 1938, die Besetzung der Slowakei und schließlich der Überfall auf Polen am 1. September 1939. Der Diktator hieß Adolf Hitler.

»Hättest du Lust, statt Ski zu fahren ...«

Als Rudolf und Barbara Wertheim 1909 ihren kleinen Nicholas bekommen, wohnen sie erst seit zwei Jahren in England. Sie sind evangelische Christen jüdischer Herkunft und aus Deutschland ausgewandert. Wegen der dort spürbaren Abneigung gegen Juden. Nicholas anglisiert seinen Nachnamen zu »Winton«, macht eine Banklehre – und arbeitet zum Erstaunen seiner Eltern erst in

Hamburg, dann bei der Deutschen Bank in Berlin. Mit 29 ist er Börsenhändler in London. Da ruft ihn sein Freund Martin Blake an: »Wollen wir über Silvester, statt in der Schweiz Ski zu fahren, nicht lieber in Prag Party machen?« Es ist Weihnachten 1938. Die Stadt an der Moldau quillt über von jüdischen Flüchtlingen aus den von Deutschland besetzten Gebieten.

Martin Blakes Hintergedanke: Es gibt ein britisches Komitee für Flüchtlinge aus der Tschechoslowakei, das in England Pflegefamilien für jüdische Kinder aus Deutschland, Österreich und dem Sudetenland sucht. Und Nicholas Winton gilt im Freundeskreis doch als ein Organisationsgenie …

»Wenn die Eltern zustimmen …«

Der smarte Londoner Aktienhändler verbringt also Silvester 1938/39 in Prag und ist erschüttert, dass viele europäische Regierungen zwar wortreich die deutsche Judenverfolgung beklagen, aber trotzdem keine Flüchtlinge aufnehmen. Nur England tut das, nimmt aber nur wenige und nur Personen unter 17.

Seit der Reichspogromnacht vom 9. November 1938 gibt es das »Refugee Children Movement«-Gesetz. Nicholas ist wildentschlossen, es anzuwenden.

Zurück in London, engagiert er sich mit ganzer Kraft für das Flüchtlingskomitee. Tags arbeitet er an der Börse und nachts am heimischen Schreibtisch: Korrespondenz mit den Eltern und Flüchtlingshelfern, wer einer Ausreise seiner Minderjährigen zustimmt. Pflege- oder gar Adoptiveltern in England finden. Visa beantragen und verschicken. Spenden sammeln, Kautionen hinterlegen, Zug- und Fährtickets buchen. Die verzweifelten Eltern in den verlausten Unterkünften rund um Prag greifen nach jeden Strohhalm Hoffnung. In den ersten acht Monaten des Jahres 1939 kann Nicholas Winton 669 jüdische Kinder nach England holen und sie damit vor deutscher Verfolgung retten. Der letzte Zug mit rund 250 Kindern soll am 1. September 1939 losfahren. Wegen des Kriegsausbruchs bleibt er in Prag stehen …

»Wann räumst du endlich den Dachboden auf?«

Gute Banker können lange schweigen, gute Börsianer lange warten. Nicholas Winton macht kein Aufhebens um sich und seine Aktion damals.

Vor ihrem 40. Hochzeitstag, Weihnachten 1988, findet seine Frau Greta Gjelstrup auf dem Speicher einen Koffer mit Fotos. Und Nicholas findet in den Tiefseegräben seines Arbeitszimmers uralte Namenslisten. Es sind die Unterlagen der Fluchthelfer-Arbeit von vor 50 Jahren! Schlagartig erinnert er sich an ein Trauma: Warum konnte ich den letzten Zug nicht auch noch rausholen?

Sein Freund Martin Blake schlägt vor, die Dokumente einem Holocaustmuseum zu geben. Greta macht es. Beide ahnen nicht, dass die Papiere dort ausgewertet und an die BBC weitergereicht werden zu der prominenten TV-Moderatorin Esther Rantzen und ihrer Talkshow »That's Life!«

»Würden Sie bitte hier Platz nehmen?«

Nicholas ist ein medienscheuer, introvertierter alter Mann, als er im TV-Studio neben erwachsene Menschen platziert wird, die vor laufender Kamera aufstehen und ihm für ihre Rettung danken! Ihre Eltern hatten geglaubt, das Rote Kreuz habe ihre Flucht organisiert, und kleine Kinder fragen nicht nach Institutionen.

Die Geretteten haben erst jetzt erfahren, wem sie ihr Überleben zu verdanken haben. Und umgekehrt erfährt Nicholas, welche Lebensläufe er ermöglicht hat: Journalisten, Politiker, Anwälte, Ärzte, Führungsfrauen in großen Firmen – schätzungsweise rund 5000 Menschen in England sind Nachfahren jener 669 Kinder von 1938!

Jetzt hagelt es Ehrungen: »Order of the British Empire«, Freiheitspreis der Stadt Prag und etliche mehr. Nicholas wehrt sich gegen das Etikett, »Englands Oskar Schindler« zu sein. Er ist seit 1999 Witwer und muss den Tod seiner geliebten Greta verkraften. Dass ihn Queen Elizabeth 2002 zum Ritter schlägt und dass 2009, zum 70. Jahrestag des letzten Kindertransports, »The Winton Train« mit Holocaust-Überlebenden am Londoner Bahnhof Liverpool Street einläuft – das genießt er dann doch.

2011 dreht ein slowakischer Regisseur den Dokumentarfilm »Sir Nicky – Held wider Willen«, und der inzwischen 102-jährige Opa Winton tritt in einigen Szenen selbst auf. »Eine sehr späte Filmkarriere«, lächelt er mit britischem Understatement.

Sir Nicholas Winton stirbt am 1. Juli 2015. Er hinterlässt drei Kinder und zwei Enkel – und 669 jüdische Kinder mit ihren 5000 Nachkommen.

O der Fröhliche

Johannes D. Falk, Satiriker und Sozialreformer

Kein Heiligabend ohne »O du fröhliche«. Kennen alle. Rund um die Welt. Der Texter dieses Weihnachtsliedes schrieb es für verwahrloste Kriegswaisen und Straßenkinder. Protestierte gegen die Prügelstrafe, musste sechs seiner eigenen Kinder zu Grabe tragen und blieb trotzdem ein humorvoller Bildungspionier.

Büste von Johannes Daniel Falk in Weimar.

»Für Freunde des Scherzes und der Satyre«

Ein Theologiestudent, dem seine Heimatstadt Danzig das Studium finanziert, sollte dankbar dafür sein, oder? Aber der 27-jährige Johannes Daniel Falk an der Uni in Halle an der Saale schmeißt nach vier Jahren alles hin und kehrt 1797 nicht als Pfarrer nach Ostpreußen zurück. Sondern? Schreibt lieber freiberuflich bissige Kommentare zur Tagespolitik!

Kann man davon leben? Nein.

Papa Falk daheim an der Ostsee ist Perückenmacher. Er hatte den Jungen mit Zehn aus der Schule geholt und in die Werkstatt gesteckt. Die Kundinnen und Kunden sind begüterte Leute, standesbewusste Adlige. Kaum ist Johannes mit 16 zurück am Gymnasium, macht er sich in brillanten Aufsätzen über das vornehme

Getue dieser Leute lustig. Mama Constantia geht in eine fromme »Brüder-Gemeine«, das religiöse Klima im Lande Immanuel Kants ist aber streng vernunftorientiert und »aufklärerisch« – Johannes nimmt diese Widersprüche scharfsinnig aufs Korn.

1797 heiratet er Caroline Rosenfeld, zieht mit ihr nach Weimar und kommt dort durch seinen väterlichen Freund Christoph Martin Wieland, den gebürtigen pietistischen Schwaben, in Kontakt zum berühmten »Dichter-Dreigestirn« Goethe – Schiller – Herder.

»Taschenbuch für Freunde des Scherzes und der Satyre« wird 1803 Falks erstes erfolgreiches Buch in Serie. 1806 ernennt ihn Herzog Carl August zum Legationsrat. Mit 38 das erste feste Gehalt! Aber: Vier seiner Kinder sterben an Typhus, er selbst entgeht der tödlichen Epidemie nur knapp.

»Gesellschaft der Freunde in der Noth«

Im Oktober 1813 besiegen Preußen und drei alliierte Staaten die französischen Truppen Napoleons bei Leipzig. Diese sogenannte Völkerschlacht hinterlässt rund 100.000 getötete Soldaten, noch mehr schwerstverwundete Arbeitslose – und jede Menge Waisenkinder, Streuner, verwahrloste minderjährige Überlebenskünstler. Johannes Falk gründet mit Weimarer Bürgern die »Gesellschaft der Freunde in der Noth« (wir würden heute sagen: einen Förderverein) und nimmt 30 Kinder in der eigenen Wohnung auf (!).

Das Ehepaar Falk unterrichtet alle in der »Sonntagsschule«, die Jungen in der »Berufsschule«, die Mädchen in der »Nähschule«. Das wird dem Vermieter der Wohnung zu laut, kein Wunder.

Als zwei weitere Falk-Kinder im Teenageralter sterben, kaufen Johannes und Caroline den (heruntergekommenen) »Lutherhof« und richten dort ein »Rettungshaus« für Waisenkinder ein. Prinzip »gewaltfreie Erziehung«!

Was 1821 als hoffnungslos naiv gilt. Johannes kontert mit einer Schrift, deren langatmigen Titel heute keine Suchmaschine fressen würde: »Das Vaterunser in Begleitung von Evangelien und alten Chorälen wie solches in der Weimarschen Sonntagsschule mit den Kindern gesungen, durchgesprochen und gelebt wird. Zum Besten eines von den Kindern selbst zu erbauenden Beth- und Schulhauses.«

Was er 1823 nicht ahnen kann: Seine Ideen inspirieren berühmte Sozialreformer und -politiker, sein Weimarer »Rettungshaus« wird zum Vorreiter diakonischer Jugendsozialarbeit bis heute.

Das »Allerdreifeiertagslied«

»O du fröhliche, o du selige, gnadenbringende Osternzeit!
Welt liegt in Banden; Christ ist erstanden.
Freue, freue dich, o Christenheit.

O du fröhliche, o du selige, gnadenbringende Pfingstenzeit!
Christ, unser Meister, heiligt die Geister.
Freue, freue dich, o Christenheit.«

Kennt keiner. Nur die erste Strophe – die zu Weihnachten – ist hängengeblieben.

Johannes Falk schreibt 1816 ein »Allerdreifeiertagslied« für »seine« Heimkinder. Die Melodie hat er von einem fieberkranken Jungen aus Italien gehört (später wird man herausfinden, dass es »O sanctissima, o pi-issima, dulcis virgo Maria« hieß). Ein bayerischer Mitarbeiter Falks, Heinrich Holzschuher, dichtet 1826 noch zwei weitere Weihnachts-Strophen dazu und macht es damit, unwillentlich, zu einem reinen Weihnachtslied.

Aber da ist der »Waisenvater von Weimar« bereits tot. Er starb am 14. Februar 1826 mit 58 an einer Blutvergiftung. Caroline und der ehemalige »Zögling« Georg Renner überführen das private Waisenheim als »Falk'sches Institut« in kommunalen Besitz. Die Schriften des »Freundes von Scherz und Satyre« aber zeigen bis heute, dass kindliche Herzensfrömmigkeit, empathisches Sozialengagement und scharfsinnig-intellektuelle Zeitkritik kein schlechter Dreiklang sind.

Osterpredigt, durchs Gitter geschrien

Paul Schneider, Dickschädel

Paul Schneider als Hilfsprediger in Essen 1925.

Wer sich schon mal blaue Flecken, Blutergüsse oder ein »Veilchen« geholt hat beim Sturz im Treppenhaus; wer vom Fahrrad fiel und heftig schmerzende Schürf- und Platzwunden davontrug; wer mit einem Bänderriss vom Fußballfeld humpelte – der bekommt eine schwache Vorstellung davon, wie es ist, mit Fäusten und Holzknüppeln zusammengeschlagen zu werden.

Paul Schneider wurde das. Ein Jahr lang. In der Einzelhaft-Arrestzelle des Konzentrationslagers Buchenwald bei Weimar. Manchmal täglich, manchmal öffentlich. Mit nacktem Gesäß auf dem »Prügelbock« im Hof. Andere starben an zertrümmerten Nieren. Paul Schneider wurde am 18. Juli 1939 durch die Überdosis eines Herzmedikaments ermordet.

Warum ehrt ihn die Weltchristenheit als »Prediger von Buchenwald«? Warum würdigte ihn Papst Johannes Paul II. beim Märtyrergedenken im Kolosseum in Rom namentlich? Ihn, den evangelischen Pfarrer aus zwei Hunsrück-Dörfern, Womrath und Dickenschied?

Weil Paul Schneider den tausenden Gefangenen, wenn sie zum Appell im KZ-Hof antreten mussten, aus seinem Kellerfenster Kurzpredigten zurief. Merksätze, Psalmverse, Jesuszitate. »Hier wird gefoltert und gemordet. Aber so spricht der Herr: Ich bin die Auferstehung und das Leben!«, schrie er Ostern 1938 durchs Gitterfenster. Weiter kam er nicht. Wie immer folgte ein Prügel-Exzess.

Ländliche Idylle

Der Pfarrerssohn aus dem Hunsrück, geboren 1897, erleidet mit 17 den Tod der Mutter, überlebt mit 19 die Schlacht von Verdun, studiert Theologie in Gießen und Marburg – und tritt aus der Studentenverbindung »Wingolf« aus, weil ihn die Saufgelage nerven. Paul ist ein braver, ein tiefgläubiger Junge. Weil ihn auch die intellektuelle Arroganz liberaler Theologen gegenüber der Bibel nervt, wechselt er an die – als konservativ geltende – Uni Tübingen. Er lernt und staunt bei Bibelübersetzer Adolf Schlatter, wie mitdenkend-kritisches Bibellesen durchaus seine Frömmigkeit beleben kann. Die Vermieter seiner Studentenbude im schwäbischen Weilheim haben eine bildhübsche Tochter: 1926 heiratet er Margarete Dietrich, macht seine zwei Examen und wird Pfarrer zur Anstellung in Hochelheim bei Wetzlar. Hier aber kommt es zum Konflikt mit frommen Verharmlosern des aufkeimenden Faschismus'.

Kleine Zugeständnisse erwünscht

Die NSDAP gewinnt im Januar 1933 eine demokratische Wahl. Adolf Hitler wird ganz legal Kanzler. Als im März das neue Parlament zusammentritt, sollen bitte alle Kirchenglocken läuten. Paul Schneider lässt nicht läuten. Weil die Partei alle Pfarrer aufgefordert hatte, »Nicht-Ariern« den Zutritt zur Kirche zu verweigern. Schneider lehnt das als rassistisch ab. Außerdem seien die Reden von NS-Größen wie Joseph Goebbels »anstößig und unvereinbar mit der Heiligen Schrift«. Sein Kirchengemeinderat findet das nicht. Das Zerwürfnis wuchert weiter, Pfarrer Schneider wechselt in zwei Dörfer seiner Hunsrücker Heimat.

Dort, auf der Beerdigung eines Hitlerjungen, schwadroniert der NS-Kreisleiter am offenen Grab, das Kind sei nun »eingegangen in den himmlischen Sturm Horst Wessels« (Komponist der NS-Parteihymne, SA-Sturmführer, von Kommunisten erschossen). Pfarrer Schneider protestiert: »Dies ist eine christliche Beerdigung! Als Pfarrer bin ich verantwortlich dafür, dass das Wort Gottes unverfälscht verkündigt wird.« Die Gestapo nimmt ihn im Juni 1934 das erste Mal für eine Woche in Haft.

Als im März 1936 turnusgemäß der neue Reichstag gewählt wird, kann man auf den Wahlzetteln nur »Ja« zur NSDAP ankreuzen. Schneiders gehen nicht zur Wahl. In der Osternacht 1936 sprühen Unbekannte ans Pfarrhaus: »Er hat nicht gewählt! Volk, was sagst Du?« Am 3. Oktober 1937, auf dem Weg zum Erntedankgottesdienst in Womrath, wird Paul Schneider verhaftet und wenig später ins KZ Buchenwald verlegt. Noch schuften dort ausschließlich politische und religiöse Gefangene als Zwangsarbeiter, Juden kommen erst nach den Novemberpogromen dazu.

Dickköpfig Haltung bewahren

Zu Hitlers Geburtstag am 20. April 1938 müssen die KZ-Insassen auf dem Appellhof den Arm zum Hitlergruß heben und vor der Hakenkreuzfahne die Mütze abnehmen. Paul Schneider weigert sich – »dieses Verbrechersymbol grüße ich nicht!« – und kommt in den sogenannten Bunker, das Einzelhaft-Verlies. Am 10. Juni 1938 hebt ein Sondergericht in Köln das Strafverfahren gegen ihn auf, vorausgesetzt, er betritt nie wieder seine Kirchenprovinz. Paul weigert sich. Er sei als Seelsorger von Womrath und Dickenschied seinen Gemeinden verpflichtet und würde nach seiner Entlassung dorthin zurückkehren, basta.

Ein Jahr später versetzt seine Landeskirche den 41-Jährigen in den arbeitsrechtlichen Wartestand und beklagt »das Fehlen einer positiv vorbehaltlosen Bejahung des heutigen Staates«. Am 18. Juli 1939 kommt der Lagerarzt von Buchenwald in den Bunker und spritzt ihn mit Strophantin zu Tode.

»Der Schoß ist fruchtbar noch, aus dem das kroch«

So sagte Theaterautor Bert Brecht nach dem Ende des NS-Terrors 1945 und sollte bis heute Recht behalten: Paul Schneiders Folterer Martin Sommer zum Beispiel hatte den Kopf eines Häftlings mit einer Schraubzwinge zerquetscht, vielen Gefangenen Luft in die Venen gespritzt oder sie eigenhändig erhängt. Einen Pfarrer hatte er draußen festgekettet, mit Wasser übergossen und bei eisiger Kälte erfrieren lassen. Doch die junge Bundesrepublik ließ sich Zeit mit der Verfolgung von Kriegs- und Naziverbrechern: Martin Sommer kam erst 1958 (!) vor Gericht und für 13 Jahre in den Knast, wurde dort unterstützt von rechten Gesinnungsfreunden des Vereins »Stille Hilfe für Kriegsgefangene und Internierte« und lebte nach seiner Entlassung wohlversorgt im Stephanusheim Rummelsburg bis zu seinem Tod 1988.

Margarete Schneider, die Witwe und Mutter von sechs Kindern, zog zu ihren Eltern nach Tübingen, baute die Frauenarbeit der Evangelischen Landeskirche Württembergs auf und kehrte nach Dickenschied zurück, wo sie 2002 mit 98 Jahren starb.

Straßen, Schulen und viele Gemeindehäuser – auch und gerade katholische – sind nach Paul Schneider benannt. Nach einem Dorfpfarrer, der keine Bücher schrieb wie Dietrich Bonhoeffer, keine Lieder dichtete wie Jochen Klepper, der einfach nur sehr kurze Predigten aus einem Zellenfenster rief und uns damit als »Prediger von Buchenwald« bis heute zur Wachsamkeit mahnt.

Der den »halben Kräften« Jobs verschaffte

Gustav Werner, Sozialvisionär

> *»Das Gerät verbrennt ein Benzin-Gas-Luft-Gemisch in einem Kolbenzylinder, hat 264 Kubikzentimeter Hubraum und 1 PS, die Stärke eines Pferdes!«*

Gustav Werner auf einer Fotografie um 1880.

Was Gottlieb Daimler und Wilhelm Maybach am 3. April 1885 als ihre »Kraftmaschine« zum Patent anmelden, wird die Welt verändern. Das Automobil wird gerade erfunden. Kennengelernt haben sich die beiden, weil Maybach mit 13 als herumstreunendes Waisenkind in die »christliche Fabrik« des Pfarrers Gustav Werner aufgenommen wurde und dort von Ingenieur Daimler das technische Zeichnen lernte.

Als Pfarrer unerwünscht

Gustav Werner, 1809 geboren und katholisch getauft, studiert evangelische Theologie in Tübingen, kriegt aber seine erbauliche Buchlektüre nicht mit dem zusammen, was er draußen sieht: Die rasante Industrialisierung lässt kleine Handwerksbetriebe verschwinden; ein epidemischer Schädlingsbefall der Kartoffeln verursacht Missernten und Hunger auf den Dörfern; die Bauernsöhne ziehen in die Großstädte und verelenden dort infolge von

Arbeitslosigkeit und hohen Lebensmittelpreisen. In Stuttgart und Ulm stürmen hungernde Arme Kornmühlen und Bäckereien. Solche »Brotkrawalle« werden niedergeknüppelt, ihre Rädelsführer erschossen. Und während im fernen Trier ein gewisser Karl Marx gerade Abitur macht und später rein theoretisch-philosophisch über die Armutsbekämpfung sinniert, gründet Pfarrer Gustav Werner in Walddorf bei Tübingen eine »Kleinkinderschule«. Erziehung und Bildung hält er für den nachhaltigsten Weg aus der Armut.

> *»Müssen wir bei solcher Not nicht unsere äußersten Kräfte anstrengen, uns Entbehrungen und Opfer auferlegen, um etwas zur Linderung dieser Not beizutragen? Wenn unser Glaube nicht zur Tat wird, hat er keinen Wert!«*

So appelliert er an seine Predigthörer. Als Vikar (Pfarrer-Anwärter) nimmt er Waisenkinder in seine Wohnung auf und lässt sie von zwei Helferinnen betreuen. »Rettungsanstalt« nennt Gustav Werner diese WG. Für den Dorftratsch ein moralischer Skandal: Der gutaussehende junge Theologe lebt mit zwei Unverheirateten ...??

Als ihm die Kirche das Pfarramt verweigert und ihn mit Predigtverbot belegt, zieht Gustav Werner am 14. Februar 1840 zu Fuß mit zehn Kindern und den zwei Helferinnen nach Reutlingen in eine Fünf-Zimmer-Mietwohnung um. 1841 heiratet er Albertine Zwißler. 1848 werden bereits 82 Waisenkinder von fünf Erzieherinnen im Haus »Gottes-Hilfe« betreut.

Als Unternehmer gescheitert

Gustav Werner ist ein begnadeter Redner und Spendensammler. Weil die Kirchen ihm verschlossen sind, predigt er in Kneipen und auf Marktplätzen das Evangelium von der mitleidsvollen

Barmherzigkeit Gottes. Er träumt wortgewaltig von einem »Fürsorge-System« der Bürgergesellschaft. (Den heutigen Sozialstaat gibt es ebenso wenig wie eine gesetzliche Kranken- oder Arbeitslosenversicherung.) Er »predigt den Leuten das Geld aus dem Beutel«, staunen die sparsamen Schwaben. Gustav Werner gründet immer neue Zweigstellen seiner »Rettungsanstalten«.

Als 1850 eine Reutlinger Papiermühle am Flüsschen Echaz wegen mangelnden Wasserdrucks aufgeben muss, kauft Werner das Gebäude und eröffnet eine genossenschaftlich organisierte »christliche Fabrik«. Hier sollen »halbe Kräfte« (heute würden wir sagen: Ungelernte und schwer Vermittelbare) eine bezahlte Arbeitsstelle finden.

»Schaff' dem Armen seine Speise
und dem Nackenden sein Kleid.
Herrschen soll in uns'rem Kreise
Liebe und Gerechtigkeit.«

So dichtet der Chef zur Eröffnungsfeier. Gustav Werner stellt auf Metallverarbeitung um, lässt Kutschen, Eggen, Pflüge und Werkzeuge reparieren und herstellen. Er will die Arbeiter an der Verantwortung für die Fabrik beteiligen. Aber sein Plan geht nicht auf. Die Erträge reichen nicht, um die inzwischen 437 Kinder und 216 erwachsenen Behinderten in 30 Zweigstellen zu ernähren.

Auch die erhoffte Lehrlingsausbildung zu Werkzeug- und Stellmachern, Schlossern und Ingenieuren ist schwieriger als gedacht. Ausbilder Gottlieb Daimler verlässt 1869 schweren Herzens die »christliche Fabrik« in Reutlingen – und nimmt den begabten jungen Maybach gleich mit.

Ein Aktienverein soll das marode Unternehmen retten. Gustav Werner zieht sich daraus zurück und gründet eine diakonische »Stiftung Bruderhaus«.

Als Diakonie-Pionier erfolgreich

Gegen den Trend seiner Zeit setzt der umtriebige Reiseprediger auf die soziale und pädagogische Kompetenz von Frauen: Die ersten drei Grundschullehrerinnen im Königreich Württemberg hat Gustav Werner angestellt. Am 30. März 1881 unterschreibt er die Gründungsurkunde der »Gustav Werner Stiftung zum Bruderhaus«. Der Name soll deutlich machen, dass Lehrer und Schüler, Ausbilder und Auszubildende, Gesunde und Kranke, Wohlhabende und Bedürftige »Geschwister in der Familie Gottes« sind und sich auch so verhalten sollen. 1882 wird die Mühle an der Echaz wieder eine »Kartonagen- und Tütenfabrikation« – Vorläufer dessen, was wir heute tausendfach als »Behindertenwerkstätten« kennen.

Gustav Werner stirbt am 2. August 1887 in jenem »Krankenhäusle«, das noch heute als kurioses Baudenkmal im Stadtkern Reutlingens steht.

Die »Bruderhaus-Diakonie« betreut heute rund 10.000 Menschen in knapp 100 Einrichtungen: von der ambulanten und stationären Kinder- und Jugendhilfe über Altenwohnheime, Wohn- und Werkstätten für körperlich, geistig oder seelisch Erkrankte bis hin zu Kreativmanufakturen, in denen »halbe Kräfte« ganze Arbeit leisten, wie Sozialvisionär Gustav Werner gesagt hätte.

Bildnachweis

S. 15 · wikimedia commons / Yuu Ukibashi
S. 20 · wikimedia commons
S. 24 · wikimedia commons
S. 28 · © wikimedia commons / OTFW, Berlin
S. 32 · wikimedia commons
S. 37 · © wikimedia commons / Michael König (User:Magadan)
S. 41 · wikimedia commons
S. 46 · wikimedia commons / Benjamin Gavaudo
S. 50 · wikimedia commons / Königliche dänische Bibliothek
S. 58 · wikimedia commons
S. 62 · wikimedia commons
S. 67 · wikimedia commons
S. 72 · © wikimedia commons / Camille Dolard – Bibliothèque Nationale de France, Paris
S. 77 · wikimedia commons / Dick DeMarsico / Library of Congress ID cph.3c26559
S. 82 · Foto aus: Hanna Schott, Von Liebe und Widerstand – Magda & André Trocmé: Der Mut dieses Paares rettete Tausende. Neufeld Verlag, Cuxhaven, 5. Auflage 2021 © Familie Trocmé
S. 87 · wikimedia commons / Stadtarchiv Ulm
S. 89 · © Evangelische Julius-von-Jan-Kirchengemeinde Lenningen
S. 93 · wikimedia commons / New York Public Library
S. 98 · wikimedia commons / Bain News Service / Library of Congress ID ggbain.05091
S. 103 · © Deutsches Literaturarchiv Marbach
S. 108 · © wikimedia commons / Olaf Kosinsky
S. 113 · wikimedia commons
S. 118 · wikimedia commons
S. 123 · © wikimedia commons / Li-sung
S. 127 · © wikimedia commons / Concord (Detail)
S. 131 · © wikimedia commons / Archiv der Evangelischen Kirche im Rheinland
S. 135 · wikimedia commons
S. 141 · © privat

Der Autor

Andreas Malessa ist Hörfunkjournalist bei ARD-Sendern, Kolumnist mehrerer Zeitschriften sowie Autor erfolgreicher Sachbücher, Biografien und satirischer Kurzgeschichten. Seine Talkformate und Dokumentarfilme machten ihn als kompetenten und humorvollen Gesprächspartner bekannt. Er schrieb die Texte der Musicals »Amazing Grace« und »Martin Luther King«. Der evangelische Theologe ist ein vielgefragter Fachreferent für kulturelle, sozialethische und kirchliche Themen. Er ist seit über 40 Jahren verheiratet, hat zwei erwachsene Töchter und lebt in der Nähe von Stuttgart.

https://www.andreas-malessa.de

VERLAGSGRUPPE PATMOS

PATMOS
ESCHBACH
GRÜNEWALD
THORBECKE
SCHWABEN
VER SACRUM

Die Verlagsgruppe
mit Sinn für das Leben

MIX
Papier | Fördert gute Waldnutzung
FSC® C014496

Die Verlagsgruppe Patmos ist sich ihrer Verantwortung gegenüber unserer Umwelt bewusst. Wir folgen dem Prinzip der Nachhaltigkeit und streben den Einklang von wirtschaftlicher Entwicklung, sozialer Sicherheit und Erhaltung unserer natürlichen Lebensgrundlagen an. Näheres zur Nachhaltigkeitsstrategie der Verlagsgruppe Patmos auf unserer Website www.verlagsgruppe-patmos.de/nachhaltig-gut-leben

Verlagsgruppe Patmos in der Schwabenverlag AG, Ostfildern
www.verlagsgruppe-patmos.de

Umschlaggestaltung: Finken & Bumiller
Umschlagabbildung: eamesBot / shutterstock

Satz: Schwabenverlag AG, Ostfildern
Druck: GGP Media GmbH, Pößneck
Hergestellt in Deutschland
ISBN 978-3-8436-1522-8 (gedruckt)
ISBN 978-3-8436-1557-0 (eBook)